guía burros

MASONERÍA

PABLO BAHILLO
VÍCTOR BERÁSTEGUI
JUAN ANTONIO SHEPPARD

www.masoneria.guiaburros.es

EDITATUM

Diseño de cubierta: © Looking4

Maquetación de interior: © Editatum

Primera edición: Noviembre de 2018

Segunda edición: Enero de 2019

ISBN: 978-84-949279-6-6

Depósito legal: M-36645-2018

Impreso en España/ Printed in Spain

Si después de leer este libro, lo ha considerado como útil e interesante, le agradeceríamos que hiciera sobre él una **reseña honesta en Amazon** y nos enviara un e-mail a **opiniones@guia-burros.com** para poder, desde la editorial, enviarle **como regalo otro libro de nuestra colección.**

Agradecimientos

Queremos expresar nuestro agradecimiento a los hermanos masones de las logias madrileñas Razón, Argüelles y Alisios de la Gran Logia General de España con los que compartimos trabajos, ágapes y el día a día. Su fraternidad y espiritualidad masónica nos acompañan en nuestras vidas.

Nuestra gratitud a los hermanos de la Gran Logia de Canarias por su generosidad y fraternidad. Las fotos que acompañan este libro y el video que se puede ver en la página web corresponden al Templo de Gran Canaria de la Respetable Logia Andamana.

Sobre los autores

Pablo Domingo Bahillo Redondo es Maestro Grado 33º y Soberano Gran Inspector General del Rito Escocés Antiguo y Aceptado y Teniente Gran Comendador del Supremo Consejo de España. Ha sido Gran Maestro de la Gran Logia General de España y Gran Comendador del Supremo Consejo de España. Es miembro honorífico de diversas organizaciones masónicas en varios países europeos y americanos. En el mundo profano ha trabajado como médico de familia durante treinta y cinco años en diversas ciudades.

Víctor Berástegui Afonso es Maestro y Gran Orador de la Gran Logia General de España. Es Grado 33º, Soberano Gran Inspector General del Rito Escocés Antiguo y Aceptado. Además es un estudioso y experto en historia y filosofía de las religiones. En el mundo profano es jurista especializado en derecho administrativo y profesor de español como lengua extranjera. Actualmente trabaja en el ámbito de la protección de datos.

Juan Antonio Sheppard Regules es Maestro Grado 33º y Soberano Gran Inspector General del Rito Escocés Antiguo y Aceptado. Actualmente es Gran Maestro de la Gran Logia General de España. En el mundo profano está actualmente jubilado y ha trabajado en el sector turístico en diversos países árabes, africanos y europeos.

Índice

Prólogo

Londres, 24 de junio de 1717. Varios miembros de cuatro logias masónicas londinenses se reúnen en la taberna *Goose and Gridiron Ale House* en esta simbólica fecha solsticial. Reina en Inglaterra Jorge I, primer rey de la casa de Hanover y elegido monarca al morir sin dejar hijos vivos la reina Ana, de la casa Estuardo. Hacía ya sesenta y nueve años que había terminado la guerra de los Treinta Años, con todo su impacto aún patente en la historia de los países que participaron en ella; setenta y dos años después estallaría la Revolución francesa, y con ella el fin de una época. También están ya tomando fuerza dos corrientes de pensamiento laicas, el empirismo y el racionalismo que, poco a poco, van sustituyendo entre las élites intelectuales al viejo dogmatismo religioso imperante. Es un tiempo de cambios, es un tiempo de renovación, y tal vez por ello, y sin que llegasen a suponerlo, aquellos caballeros pusieron los cimientos de una institución que, con el paso del tiempo, se caracterizaría por la defensa del pensamiento libre y por acoger entre sus miembros a personajes que dejaron una profunda huella en su tiempo como G. Amadeus Mozart, Alexander Fleming, Ramón y Cajal, Benjamin Franklin, Goethe o Rubén Darío, entre una larga lista de otros muchos miembros ilustres de la Masonería.

Poco sabemos de aquellos primeros masones salvo que, a mano alzada, eligieron a Anthony Sayer como Gran Maestro de la Gran Logia Unida de Inglaterra que acababa de ser constituida en esa asamblea. Aquellos primeros fundadores eran todos masones "aceptados", pero para entender esto debemos ir más atrás en el tiempo.

Hay documentos que prueban que en Escocia, antes de esta fecha fundacional, se aceptaban en las cofradías de masones operativos, es decir, albañiles, canteros, maestros de obra, etc., a miembros honorarios no vinculados a ningún oficio relacionado con la construcción. Aquellas cofradías de masones libres proliferan y trabajan activamente durante la Edad Media: a ellas les debemos la construcción de las catedrales. Sin embargo, sobre su origen la historia no nos proporciona una respuesta definitiva. La opinión más aceptada es que tienen su origen en los *collegia fabrorum* romanos y que, desde el Imperio romano, llegan hasta la Edad Media. San Isidoro de Sevilla ya menciona como constructores a los "maciones", término que se asimila fácilmente a la palabra masones. No podemos dejar de mencionar las voces que, por su parte, plantean un origen egipcio, y desde luego siempre hay que tener presente que las propias leyendas masónicas vinculan la orden a la construcción del templo de Salomón.

Pero volvamos al siglo XVIII. En 1723 James Anderson y Jean Theophile Desaguliers redactan unas Constituciones que, en ese mismo año, son aprobadas y publicadas bajo el nombre de *Constitución de los Francmasones*, y que toman como referencia textos más antiguos. A partir de este momento este documento será el texto que represente el paso de la Masonería operativa a la Masonería especulativa o de adopción y, a su vez, será un texto de referencia ética e intelectual para la masonería, que comienza a hacerse universal. En las logias que empiezan a unirse figuran como miembros tanto católicos como presbiterianos o anglicanos. En esas Constituciones se define algo insólito: en las logias no se puede hablar ni de política ni de religión. Y si no se habla de ello, ¿de qué se habla? ¿Para qué se reúnen los masones?

Una vez hecho este brevísimo repaso histórico, hemos dejado para el final aquello que en realidad distingue a la Masonería: su condición de escuela iniciática.

La iniciación, un concepto que nos llega de la Antigüedad y que, entre otros lugares, podemos hallar en las religiones mistéricas o la escuela pitagórica, se define sucintamente como el paso de un candidato del mundo profano al mundo sacro; este paso se efectúa en una ceremonia con una liturgia más o menos elaborada, y que representa su ingreso en un grupo o institución.

Con ello se ha de entender que en el espacio sagrado en el que entra el neófito rigen códigos distintos y más elevados que los comunes del mundo profano, tanto para acceder a niveles superiores de conocimiento y sabiduría, como aquellos que se refieren a la conducta ética y moral que ha de guiar su vida. El utillaje simbólico y el acervo legendario de la Masonería lo ayudarán en su recorrido.

Los autores de este libro, tres maestros masones de gran experiencia, narran este recorrido desde esta perspectiva iniciática en donde los aspectos filosóficos tienen una enorme importancia, pues muestran valores indispensables y universales tanto para el individuo como para la sociedad.

Pocas veces como en esta obra se han trasladado al lector los fundamentos iniciáticos y filosóficos de la Masonería con tanta sinceridad como conocimiento, dejando atrás las épocas en las que el oscurantismo, fruto de la represión que la masonería sufrió por parte de las dictaduras, veló la naturaleza y objetivos de una institución que, desde sus remotos orígenes primero y desde su fundación de 1717 después, ha contribuido a construir un mundo mejor y más libre desde el propio mejoramiento moral e intelectual de sus miembros.

Valgan estas líneas como un homenaje a todo hombre y mujer, masón o no, que haya contribuido a este objetivo y mi reconocimiento a unos autores que han realizado un trabajo de enorme interés y valor.

Sebastián Vázquez Jiménez

M∴ M∴

Introducción

La Real Academia Española define en el Diccionario de la Lengua Española a la Masonería como *una asociación universalmente extendida, originariamente secreta, cuyos miembros forman una hermandad iniciática y jerarquizada, organizada en logias, de ideología racionalista y carácter filantrópico.*

En el año 1952, en la ciudad de Estrasburgo tuvo lugar una reunión internacional de Grandes Maestros, que definió la Masonería como *una institución para la iniciación espiritual por medio de símbolos.*

Es cierto que la Orden Masónica existe en la totalidad de los países democráticos. Sin embargo, en las dictaduras de todo tipo, la Masonería normalmente está o ha estado prohibida. Se puede afirmar, pues, que es *una asociación universalmente extendida.*

También se ajusta a la verdad que, en muchos momentos históricos, debido a la fuerte persecución e intensa represión de la que fue objeto, la Masonería se vio obligada a reunirse secretamente. Hoy en día, en todos los países democráticos es una asociación legalizada que se rige por la ley de asociaciones y que, como cualquier otra asociación, para estar autorizada, debe estar inscrita en el Registro Nacional de Asociaciones.

En este registro, que es público y que puede consultar todo ciudadano que esté interesado, se puede conseguir y leer toda la documentación de cada una de las diversas asociaciones masónicas existentes. En el caso concreto de España, se puede acceder a la carpeta de cada organización masónica legalizada y registrada. El conjunto de Obediencias que forman la Masonería española son asociaciones masónicas femeninas, mixtas o masculinas. En esas carpetas se recoge toda la documentación de cada asociación masónica con sus Estatutos, fines, dirección oficial de la asociación, fecha de la legalización, número de registro, así como los nombres que componen la junta directiva.

No es, pues, una organización secreta, ya que estas están prohibidas por la ley, pero sí es una organización legal y discreta, donde se imparte una instrucción simbólica, reservada solamente a los miembros de la Orden, y donde se les enseña también todo tipo de virtudes cívicas y democráticas, como es el cumplimiento estricto de la ley y el respeto a las autoridades legítimamente elegidas.

La Masonería es también una hermandad iniciática, donde las enseñanzas se van transmitiendo lenta y gradualmente mediante ceremonias de iniciación que le son propias, y que provienen tanto de la Tradición primordial que se remonta a un pasado inmemorial, como de los antiguos constructores de catedrales, la denominada masonería operativa.

Es una fraternidad laica que acoge en su seno desde el año 1717, fecha en la que la Masonería operativa se transforma en Masonería especulativa o de pensamiento, a personas *libres y de buenas costumbres*, con independencia de su ideología –siempre y cuando sea democrática– y de la religión –o de la carencia de ella– que puedan tener.

En las reuniones masónicas, denominadas "Tenidas", está estrictamente prohibido debatir sobre temas políticos o religiosos. Solo se pueden tratar temas vinculados a los Rituales de cada grado. Todo masón debe caracterizarse y esforzarse por respetar la opinión de las demás personas.

La Masonería no es una religión. La espiritualidad que transmite, cultiva y practica es totalmente laica. Busca la trascendencia desde la inmanencia, todo ello por medio de la reflexión y el estudio en un entorno de fraternidad y tolerancia, a través de los Rituales de cada grado.

La Masonería es una Orden en la que cada miembro tiene, dentro de una estructura jerárquica, una responsabilidad y una función concreta, que está recogida en los estatutos aprobados y legalizados, así como en los usos y costumbres de la Orden.

Los masones se reúnen en logias presididas por un Maestro masón al que se denomina Venerable Maestro. En estas reuniones se trabaja en los tres primeros grados simbólicos (Masonería azul): Aprendiz, Compañero y Maestro. Una Gran Logia es una organización masónica que está formada por la reunión o agrupación de varias logias o talleres simbólicos que se ponen bajo su jurisdicción. La Gran Logia está presidida por un Maestro masón con experiencia acreditada, elegido en votación y al que se denomina Gran Maestro.

El Rito Escocés Antiguo y Aceptado, probablemente el más común entre todos los ritos masónicos, tiene treinta y tres grados; los tres primeros grados simbólicos son administrados por una Gran Logia.

Desde el cuarto grado al treinta y tres, la administración de esos grados le corresponde a un Supremo Consejo, presidido en este caso por un Maestro masón denominado Soberano Gran Comendador.

Lógicamente, una asociación de personas que tiene como uno de sus mayores ideales la fraternidad universal, se caracteriza por tener un marcado carácter filantrópico.

Valga esta breve introducción para adentrar al lector en lo que podemos definir como líneas maestras de lo que es y no es la Masonería. También hemos creído oportuno añadir al final del libro un glosario de términos masónicos que facilitará la lectura del texto.

El propósito de este libro

El propósito de este libro es divulgativo y se dirige a un público no especializado en Masonería. Vamos a tratar de explicar de un modo claro y comprensible qué es la Masonería en sus diversos aspectos. Nos dirigimos a todas aquellas personas interesadas en conocer qué es y qué hace esta organización varias veces centenaria.

No es nuestra intención realizar una descripción compleja y erudita sobre los diversos temas que se podrían tratar, ya que ello nos alejaría de nuestro fin y haría ininteligible la exposición que queremos hacer.

Como masones españoles tenemos, entre otras, la obligación moral de dar a conocer una institución que históricamente, particularmente en España, ha sido maltratada, perseguida, y calumniada.

Trataremos de exponer, con la mayor precisión posible, los principios básicos de la Orden Masónica, sus objetivos, fines, método, etc. Para ello trataremos de desarrollar el texto de forma inteligible.

Los autores estamos íntimamente vinculados al Rito Escocés Antiguo y Aceptado, ya que es el que practicamos en nuestra Obediencia, la Gran Logia General de España, la cual forma parte de la Confederación Internacional de Grandes Logias Unidas (CIGLU) y tiene como Obediencia de referencia a la Gran Logia de Francia (GLF). No obstante, este libro recoge las opiniones, vivencias y valoraciones de sus autores, y en ningún caso es un documento oficial de las organizaciones masónicas a las que pertenecemos. Queremos aclarar que en la Masonería no cabe el proselitismo para captar nuevos miembros, algo que de ninguna manera pretende este libro.

Queremos manifestar nuestro más profundo y sincero respeto por todos los ritos masónicos existentes, y por todas las Obediencias que realizan sus trabajos dentro de la Tradición, la fidelidad a los *Landmarks*, los usos y costumbres, ya que todos ellos contribuyen al enriquecimiento espiritual de la institución masónica.

Actualmente, tanto en España como en el resto de países, existen Obediencias masculinas, femeninas y mixtas. Aunque la Gran Logia General de España es una Obediencia tradicional masculina, entendemos que es muy positivo que toda persona que pretenda acercarse a la Masonería pueda optar libremente entre las diversas asociaciones masónicas existentes: masculinas, femeninas o mixtas.

Desearíamos que la sociedad española, poco a poco, fuera conociendo de un modo objetivo qué es la Masonería, con la misma normalidad y naturalidad con la que esta institución es percibida y respetada en los países de nuestro entorno.

Con este libro nos gustaría también rendir un sincero y fraternal homenaje a todos los masones que, en su día, por el solo hecho de serlo, pagaron el alto precio de perder su vida, sus bienes, fueron condenados a la cárcel o tuvieron que marchar al exilio.

Al ser un libro divulgativo y para facilitar la lectura, hemos prescindido de las citas a pie de página, pero queremos expresar nuestro agradecimiento a los autores que figuran en la bibliografía, sin cuya aportación no hubiera sido posible este libro.

Cómo llegar a ser masón: la iniciación

Las personas que quieran pertenecer a la Masonería deben pasar una ceremonia que recibe el nombre de iniciación masónica. Esta no es una ceremonia cualquiera; viene a significar el paso del mundo profano al sagrado. Emprender este camino es adentrarse en los vericuetos del sendero de la búsqueda de algo que no sabemos bien qué es, pero que suele corresponder a una necesidad personal difícil de entender. Es empezar a mirar en nuestro interior y abrir la posibilidad de sentir la sintonía consigo mismo y con el cosmos. ¡Casi nada!

Dante lo recogió de una forma muy hermosa en la primera estrofa del Canto I de la Divina Comedia hablando del mundo profano: *A mitad del camino de la vida, en una selva oscura me encontraba porque mi ruta había extraviado.* Y más adelante, en la estrofa 93, alude a la iniciación: *Es menester que sigas otra ruta […] si quieres irte del lugar salvaje.*

La ceremonia de iniciación masónica recoge la misma idea en estas palabras dirigidas al nuevo Hermano masón:

Desde ahora estáis llamados a una vida nueva, y vuestras ideas evolucionarán, necesariamente, a medida que vayáis realizando vuestro propio perfeccionamiento o avancéis en el Conocimiento.

La palabra iniciación proviene del latín *initiatio* y es la acción y efecto de empezar, comenzar algo. El prefijo *in* indica penetración, y nos viene a decir que por la iniciación entramos en el camino que nos conducirá hacia lo alto. Nos separamos de la vida superficial y vana para comenzar a adentrarnos en ese misterio que es la sabiduría, palabra no demasiado usada en nuestro mundo actual, pero muy añeja. Aristóteles, al comienzo de su Metafísica, nos dejó un bello pensamiento: "Todos los hombres tienen por naturaleza el deseo de saber". Comenzar la búsqueda de ese algo, es despertar, es volver a nacer; eso es la iniciación masónica.

La iniciación no es algo exclusivamente masónico. Es un proceso humano. Un perro pastor en el Japón del siglo XVII se comporta de manera similar a esa misma raza en la Inglaterra del siglo XXI. El ser humano ha roto esa cadena instintiva, tiene una libertad de actuar, un desasosiego y ese deseo de buscar que nos hace humanos.

Los primeros cristianos tenían esa misma vivencia de transformación con el bautismo, volvían a nacer, entraban en el mundo de la gracia y del espíritu. El fariseo Nicodemo con gran perplejidad le pregunta a Jesús:

"¿Cómo un hombre puede nacer cuando ya es viejo? ¿Acaso puede entrar por segunda vez en el seno de su madre y volver a nacer?" Jesús le respondió: "Te aseguro que el que no nace del agua y del Espíritu no puede entrar en el Reino de Dios. Lo que nace de la carne es carne, lo que nace del Espíritu es espíritu" (Juan 3:5).

La iniciación no se agota en la ceremonia; de hecho, lo que pretende es remover el interior del iniciado para que despierte a algo diferente del conocimiento racional. Se trata de vivir una experiencia personal, única e irrepetible, que nos sensibiliza. Las emociones son difíciles de describir con palabras. Aún recuerdo el consejo del Maestro masón que me reconfortaba y apoyaba en ese paso: "Disfrútalo, solo lo vas a vivir una vez".

Romper ese orden anterior, profano, previo a la iniciación, es una necesidad para crear el espacio donde pueda anidar la nueva experiencia espiritual. Uno de los recursos de la ceremonia de recepción para romper ese orden anterior es la vivencia de lo absurdo. Así entra el profano en el templo para recibir la iniciación: Con una cuerda al cuello, los ojos vendados, con el brazo izquierdo, el pecho izquierdo y la rodilla derecha descubiertos y calzando una zapatilla en el pie izquierdo.

El proceso iniciático y el místico son opuestos. La iniciación es una vía activa, no contemplativa. Exige del iniciado persistir, luchar sistemáticamente contra los obstáculos y proceder con ahínco en su búsqueda de la sabiduría. La iniciación se hace en el seno de un grupo, apoyado y tutelado, esa es la garantía de la transmisión. No es suficiente la iniciativa individual para esa búsqueda; puede incluso ser hasta peligrosa. Así lo dice de forma muy poética Dante, advirtiendo del peligro que tiene el buscador solitario:

Más que en vano se aparta de la orilla,

porque no vuelve como se ha marchado,

el que sin redes la verdad buscase...

(Paraíso, Canto XIII, 124)

Este fuerte sentimiento de pertenencia colectiva y de acción está en la bella exhortación que se hace en la despedida de los Trabajos masónicos:

Queridos Hermanos: Muy por encima de la vida material, se abre para el francmasón el vasto campo del pensamiento y de la acción. Antes de separarnos, elevemos juntos nuestro pensamiento hacia nuestro ideal. Que él inspire nuestra conducta en el mundo profano; que guíe nuestra vida; que sea la Luz de nuestro camino.

¿Qué ocurre en el templo cuando se desarrolla la ceremonia de iniciación masónica, en la que una persona pasa de ser profano a hermano y aprendiz masón?

Todo empieza con las aplomaciones, que son las entrevistas que tres maestros masones hacen al candidato por separado, y sin que cada uno de los entrevistadores sepa quienes son los otros dos. Elaborados los tres informes acerca de la idoneidad y dificultades del candidato, estos serán objeto de una votación en logia, para la aprobación o rechazo de la candidatura. Estas votaciones se llama balotajes.

Aprobada la candidatura, el iniciado es convocado para lo que se denomina el "pase bajo venda". Aquí se cubren los ojos del candidato y es guiado hasta el interior del templo, donde es interrogado por los hermanos que evalúan su aptitud para el ingreso en la Masonería. Los Hermanos de la logia tienen así la oportunidad de evaluar directamente al profano. El ambiente es de máximo respeto para compensar la sensación de indefensión que puede sentir el candidato, que tiene los ojos vendados. Es costumbre que las preguntas se introduzcan de esta forma: *Caballero, ¿cuál es su opinión acerca de...?* Terminada la entrevista y conducido el candidato fuera del templo, se produce un debate entre los hermanos acerca de la entrevista, y se vuelve a votar la aprobación o rechazo de la solicitud de ingreso en la Orden masónica.

Una vez pasado estos filtros y convocado el candidato para la ceremonia de iniciación, se encuentra ante la primera prueba por la que ha de pasar. El Hermano Experto se dirige al profano y lo encara diciendo: *Caballero, ha solicitado ser admitido en la Francmasonería. ¿Es definitiva su decisión? ¿Está dispuesto aceptar las pruebas a las que ha de ser sometido?* Si la respuesta es afirmativa se vendan los ojos del candidato para conducirlo a la Cámara de Reflexión, donde le será retirada la venda.

La Cámara es un recinto pequeño, simbólicamente subterráneo, en el que tiene lugar la primera prueba de la iniciación. En sus paredes, pintadas de negro, figuran dibujados en color plateado un reloj de arena y una guadaña cruzados entre sí, un gallo bajo el que puede leerse el lema: *Vigilancia y Perseverancia*, y la sigla hermética

V.I.T.R.I.O.L. (*Visita interiora terrae rectificando que invenies occultum lapiedem*, que significa: "Visita el interior de la tierra y al rectificar encontrarás la piedra oculta").

En la Cámara hay una mesa y un asiento. Sobre la mesa hay un candelero encendido, como única iluminación. También hay una calavera, un espejo, pan, una jarra de agua y tres tacitas conteniendo respectivamente mercurio, azufre y sal.

El Hermano Experto se dirige al candidato en estos términos:

Caballero, aquí es donde va a ser sometido a la primera prueba, llamada por los antiguos iniciados "prueba de la tierra". Para ello es indispensable que se desprenda usted de toda ilusión falaz, y con objeto de sensibilizarse respecto a lo que debe operarse en usted espiritualmente, le ruego que me entregue lo que lleve consigo de valioso, y en especial los objetos de metal, puesto que simbolizan cuanto brilla con destellos engañosos.

Los objetos de los que se desprenda se guardan en una caja adecuada hasta el final de la Tenida.

Ahora, caballero, va a quedar usted consigo mismo, en soledad, en silencio y con esta débil luz. Los objetos y las imágenes que ve aquí tienen un sentido simbólico y estimularán su meditación. Va a redactar su testamento, dando respuestas escritas a las tres preguntas que figuran en esta hoja y formulando a continuación la que será su última voluntad. Volveremos, en su momento, para recogerlo.

Entender la simbología de la Cámara de Reflexión exige una reflexión sobre este lugar, que el rito alude como *pequeño y simbólicamente subterráneo* donde se realiza la *prueba de la tierra*. La descripción que el Ritual hace de la Cámara de Reflexión nos lleva a Platón y su alegoría de la caverna, en la cual se encuentra un grupo de hombres encadenados desde su nacimiento, con unas ataduras que les impiden el movimiento del cuello y de las piernas. Solo pueden ver la pared del fondo, donde se proyectan, por la luz del exterior y una hoguera encendida, las sombras de lo que ocurre detrás de ellos. Los hombres encadenados sitúan la verdad en la mera sombra o apariencia de los objetos.

Platón nos dice que si uno de los prisioneros fuese liberado, contemplase la nueva realidad y traspasase las meras apariencias, al volver a la caverna para liberar al resto de los cautivos e intentar desatarlos para que observen la luz, sus compañeros serían capaces de matarlo, y posiblemente lo harían. Aquí podemos ver una alusión a su maestro Sócrates, que por ayudar a los hombres a llegar a la verdad fue condenado a muerte.

Es en este contexto donde se opera la primera transformación del profano, que va a dejar de mirar las sombras para empezar a observar la luz. Es aquí donde el candidato debe redactar su *testamento filosófico*. Se trata de hacer un balance de su vida profana, de mirar a su interior y reflexionar sobre su vida, las certezas, las dudas...

Este *Testamento Filosófico* será leído en logia, ante todos los Hermanos, mientras se prepara al candidato para el desarrollo ritual de la ceremonia. En el desarrollo de la ceremonia será quemado y sus cenizas serán entregadas al Aprendiz.

A continuación, el candidato, con los ojos vendados, es introducido en el templo para efectuar los *viajes*. El viaje como símbolo es algo universal, es el movimiento, la peregrinación, interrelacionar con algo distinto que nos hace cambiar, reflexionar. El peregrino va ligero de equipaje, se prescinde de lo material para empatizar con lo que nos rodea, así aprendemos y confrontamos otra realidad. La palabra española "viaje", en su etimología, deriva del catalán *viatge*, esta a su vez del latín *viaticum*, y esta de *via*, que significa "camino". El viaje presupone insatisfacción, se va a buscar lo no encontrado, se espera ir a otro lugar en el que hallaremos algo incierto y deseado, y una vez emprendido el viaje no serás el mismo. El candidato empieza su camino iniciático, el cambio está latente y en esta ambientación debe efectuar tres viajes a lo largo del templo, cada uno de los cuales tiene su significado simbólico.

El primer viaje lo realiza en medio de un gran estruendo, y viene a significar una alegoría de la vida humana. Los ruidos representan las pasiones que agitan el entendimiento, las dificultades y obstáculos que el hombre experimenta, los cuales no puede vencer sino en la medida que adquiere la energía moral y los conocimientos que le permiten luchar contra la adversidad.

En el segundo viaje habrá menos obstáculos, lo que viene a significar el modo en que se allana el camino para el hombre que persevera por los senderos de la virtud, aunque todavía no está liberado de los combates que ha de mantener para triunfar sobre sus pasiones.

El tercer viaje, libre de obstáculos y de ruido, significa que perseverando en la virtud, la vida se hace sosegada y apacible. Se transmite al candidato la importancia del amor a sus semejantes.

Uno de los momentos más emotivos de la Ceremonia de Iniciación es cuando el Venerable Maestro, concluido el tercer viaje, se dirige con esta bella exhortación al candidato:

Recipiendario, durante este viaje no habéis oído ningún ruido. El significado de este símbolo es que, perseverando resueltamente en la virtud, la vida se hace sosegada y apacible.

Las llamas que habéis atravesado representan el cuarto elemento simbólico de los antiguos: que el fuego que os ha rodeado se transmute en vuestro corazón en un amor ardiente para sus semejantes y la caridad pueda inspirar, desde ahora, sus palabras y actos.

No olvidéis jamás este principio moral sublime, conocido en todas las naciones: "No hagas a otro lo que no quisieras que te hicieran a ti". Penetraos también del principio positivo que de él se deriva, enunciado por la Francmasonería: "Haz a los demás aquello que quisieras que te hicieran".

Ahora el Venerable Maestro llama al candidato *recipiendario*, palabra que procede del latín *recipiendus*, "el que ha de ser recibido". Es la persona recibida en una corporación para formar parte de ella. El acercamiento entre la logia, entendida como organismo vivo, y quien se está iniciando, es cada vez más íntimo.

Los juramentos son momentos de gran solemnidad que tratan de poner a prueba la firmeza del recipiendario. Su formulación es en algunos casos amenazante, en caso de romper el compromiso contraído por el juramento. Ni que decir que solo tiene un significado simbólico y no existe ninguna amenaza real.

Prestados los juramentos, pasadas las pruebas y los viajes, el ambiente cambia totalmente. El clima de desconfianza hacia el iniciado, la duda acerca de sus intenciones o pureza de corazón se transforma en recibimiento fraternal. En este momento el Venerable Maestro se dirige al recién iniciado con estas palabras:

Neófito, voy a formularos una última pregunta: Habéis conocido a muchos hombres; tal vez tengáis enemigos. Si os encontraseis con uno de ellos en esta asamblea o entre los Francmasones, ¿estaríais dispuesto a estrecharle la mano y a olvidar el pasado?

Ahora el Venerable se dirige al iniciado llamándolo *neófito*. Detengámonos en este vocablo que viene del griego, concretamente de la palabra *neophytos*. El prefijo *neo* quiere decir "nuevo" y *phyton* significa "planta". Por lo tanto, etimológicamente significa "recién plantado". Una persona es considerada un neófito cuando empieza una actividad, y todavía no tiene la pericia suficiente ni la conoce en profundidad. La palabra se usaba en el cristianismo primitivo para referirse a los que se iniciaban en una comunidad religiosa y eran acogidos con todo el afecto y la protección. El ambiente es cada vez más afectuoso y protector. El iniciado siente el cariño de los hermanos de la logia.

El ahora neófito es desprovisto de la venda que le cubre los ojos y el Venerable Maestro se dirige a él, le insta a observar el aspecto fraternal de la asamblea que tiene delante y que contemple a los Hermanos que, cogidos de la mano, forman una Cadena de Unión fraternal, simbolizando la unión de todos los francmasones esparcidos sobre la faz de la Tierra. Reina el silencio.

Después de una pausa, el Venerable Maestro se dirige de nuevo al Neófito, y con gran severidad le advierte de los peores peligros, los interiores:

Los enemigos no están siempre ante nuestros ojos. Son más de temer aquellos que a menudo se agazapan detrás de nosotros.

Continúa la ceremonia de iniciación con la instrucción al neófito, la entrega de los guantes y el mandil, signo este último del trabajo que le aguarda hasta el fin de sus días, para su perfección espiritual.

La Masonería simbólica, también denominada azul, está compuesta por tres grados: Aprendiz, Compañero y Maestro. Estos tres grados son administrados por una Gran Logia.

Tras pasar por las correspondientes pruebas iniciáticas, que hemos descrito, el neófito se convierte en Aprendiz masón, que es el primer grado simbólico de la masonería. Acudirá, cuando se le convoque, a los Trabajos de su logia madre, aquella en la que se ha iniciado. Irá con el mandil blanco que se le entregó el día de su iniciación y que simboliza el trabajo. Ese mandil blanco deberá llevarlo con el peto levantado, y también llevará dos guantes blancos que simbolizan la pureza de intenciones.

Durante su etapa de Aprendiz, que suele durar como mínimo un año, deberá guardar durante la celebración de las tenidas un estricto y riguroso silencio, que tiene como función favorecer la reflexión y la introspección. Su sitio en la logia, como Aprendiz, es en el Septentrión (lado norte), que representa la zona menos iluminada del taller.

Su instructor personal será el Segundo Vigilante, que es el preceptor de los Aprendices. Tendrá que seguir fielmente las directrices y enseñanzas de su tutor, debiendo realizar por escrito los trabajos que este le asigne, y que siempre estarán relacionados con los temas simbólicos recogidos en el Ritual del primer grado.

El principal trabajo que todo Aprendiz tiene que realizar lo debe hacer sobre sí mismo, desbastando simbólicamente la denominada *Piedra Bruta*, la cual debe esforzarse en pulir y transformar. Para ello contará con las herramientas del aprendiz francmasón que son: la regla, la maceta y el cincel. Mediante este trabajo simbólico colaborará activamente en la construcción de un templo suntuoso en honor del Gran Arquitecto del Universo.

Trabajará junto a sus hermanos de logia, ocupándose y esforzándose, como ellos, en su perfeccionamiento espiritual, contribuyendo de ese modo a la elevación moral, intelectual y material de todas las personas que forman la sociedad. También se le enseñará que uno de sus deberes principales es huir del vicio, practicar la virtud y controlar las pasiones, debiendo buscar constantemente la verdad y la justicia.

Se le enseñará que en los talleres masónicos está estrictamente prohibida toda discusión política y religiosa, y que en las logias se acoge solo a personas *libres y de buenas costumbres*, con independencia de sus opiniones en política y religión.

Se le indicará también que debe de aprender a valorar a las personas en función de sus cualidades morales, debiendo juzgar todo hecho con prudencia e imparcialidad. De esta forma, de un modo progresivo, irá conociendo y captando el sentido del lenguaje simbólico que emplea la Francmasonería, y podrá comprobar que el método masónico exige un constante e intenso esfuerzo intelectual.

Otras enseñanzas que recibirá estarán relacionadas con la unidad, la dualidad, la ley ternaria y los números uno, dos y tres. También se le instruirá sobre el denominado número de oro o número áureo que representa la relación armónica que existe entre dos dimensiones.

A medida que va transcurriendo el tiempo, el Aprendiz irá adquiriendo nuevos conocimientos, mediante los que se pretende que sus ideas vayan evolucionando, de un modo gradual, hacia su propio perfeccionamiento.

Se le estimulará para que, mediante la observación y el estudio, profundice en el significado de los símbolos del primer grado, que no se contente con el simple conocimiento de sus aspectos y formas visibles. Para ello se le animará a que aspire al descubrimiento de lo que hay de desconocido en esos símbolos, que no vea solamente lo que representan como imágenes físicas. Se le exhortará a elevar su inteligencia para inquirir la idea moral a la que van asociados, ya que si no lo hace así no descubrirá ni captará jamás los secretos de la Masonería.

Comprenderá que esos secretos no se revelan, sino que se aprenden mediante la práctica constante del Ritual. Solo así llegará a entender que la esencia de los misterios masónicos tiene que deducirse mediante un lento trabajo de aprendizaje del simbolismo de cada grado, así como relacionar la idea moral a la que siempre van asociados.

Solo aquel Aprendiz que ha aprovechado las enseñanzas contenidas en las alegorías del primer grado y que se ha esforzado en labrar la piedra bruta, en el sentido simbólico del término, es merecedor de poder acceder al grado de compañero o segundo grado del simbolismo masónico.

Habrá sido necesario que haya transcurrido, como mínimo, más de un año en el grado de Aprendiz, y que durante ese tiempo haya demostrado celo, perseverancia y entusiasmo en los trabajos masónicos en los que ha participado, así como un noble y sincero deseo de formarse e instruirse.

Todo ello, unido a una conducta masónica y profana irreprensibles, harán que el Segundo Vigilante proponga a ese aprendiz para su elevación al segundo grado.

El Ritual de recepción de un Aprendiz en el segundo grado se desarrolla en dos Tenidas masónicas diferentes. En la primera de ellas se procede a interrogar al candidato sobre un trabajo concreto de arquitectura, relacionado con un determinado tema simbólico que se le ha encomendado. Tras su lectura y presentación ante los Maestros de la logia, se efectúa una votación, y si el resultado es favorable se celebra la segunda Tenida masónica, donde se desarrolla la ceremonia de recepción propiamente dicha.

En esta segunda ceremonia el candidato realiza cinco viajes simbólicos, se somete a una serie de pruebas y se le dan a conocer nuevos símbolos. Llevará consigo, en cada una de estas etapas, distintas herramientas vinculadas con el arte de la construcción. En el curso de esos viajes, que representan simbólicamente diversos periodos y etapas de estudio, se le instruirá sobre diversas materias arquitectónicas propias del grado de Compañero. Estos viajes se inspiran en los que realizaban, en su tiempo, los Compañeros operativos.

En la Antigüedad, en el pronaos del templo de Apolo en Delfos estaba inscrito el aforismo griego: *Conócete a ti mismo*. Con el mismo sentido e intencionalidad, se exhorta al futuro Compañero a que explore su propia personalidad y a que conozca su naturaleza más íntima, ya que por medio de este método clásico de reflexión e introspección podrá ir perfeccionándose moral, intelectual y espiritualmente.

En el curso del primer viaje se le indicará cómo debe desarrollar y perfeccionar sus cinco sentidos corporales —vista, oído, tacto, gusto y olfato— de un modo adecuado, informándole sobre las consecuencias morales relacionadas con el uso correcto de esos sentidos. Descubrirá que, como iniciado, es a la vez constructor y material de construcción, y deberá aprender a conocer la naturaleza de las piedras para transformarlas, con conocimiento y energía activadora, en formas cúbicas que tendrán que ajustarse a la perfección con otras piedras.

En el segundo viaje se propone al candidato que medite sobre la forma, dimensiones y adornos de los diversos estilos arquitectónicos que se han sucedido a lo largo del tiempo y que buscaban la armonía en las edificaciones: dórico, jónico, corintio, toscano y compuesto.

También deberá reflexionar sobre los instrumentos de arquitectura que se utilizan habitualmente en la construcción y lo que representan en masonería, pues hay herramientas que están relacionadas con la Ley Moral y con la dirección de nuestra conducta, y otras representan la voluntad inteligente o sugieren la búsqueda de la Verdad.

En el tercer viaje, que simboliza la tercera etapa de los estudios del compañero masón, la formación se centra en las siete artes liberales que se estudiaban en la antigüedad, de las cuales las tres primeras constituían el *Trivium* de los antiguos, y que estaba formado por la Gramática, la Lógica y la Retórica.

Las otras cuatro artes formaban el denominado *Quadrivium*, que estaba compuesto por la Aritmética, la Geometría, la Música y la Astronomía.

En el cuarto viaje se le darán a conocer los nombres y las sublimes enseñanzas filosóficas, intelectuales y espirituales de los grandes iniciados de la humanidad, así como las leyes morales y físicas, que tendrá que estudiar y tratar de comprender. Deberá descubrir los aspectos exotéricos así como la realidad esotérica subyacente en todos los conocimientos transmitidos por estos importantes filósofos e iniciados, que se le presentan como modelos y ejemplos a seguir.

En el quinto y último viaje se le instruirá sobre la gran importancia que para la Masonería tiene el trabajo, al que se considera como la gran vocación que debe de seguir todo hombre libre. Verá que en este grado se glorifica al trabajo, ya que constituye un imperativo, una misión y un deber sagrado para toda persona, siendo la primera y más alta virtud del masón.

Seguidamente se le hablará del significado que tienen las denominadas esferas terrestre y celeste que simbolizan el Universo y su construcción armoniosa. También se le llamará la atención sobre las diversas interpretaciones simbólicas del pentalfa, la letra *G* y la misteriosa estrella flamígera, así como la relación que tienen con el ideal iniciático y con el número cinco, que es propio de este grado, al igual que lo es el estudio de la gnosis o conocimiento íntegro de la Verdad.

En el segundo grado, dependiendo del rito en el que se trabaje, se habla sobre el rey Salomón y acerca de la grandeza y esplendor del primer templo de Jerusalén. También se estudia la altura, forma y las características ornamentales de las dos columnas que se encontraban en el pórtico de ese templo. Otra materia de estudio es el origen y el significado de las *palabras* del segundo grado y la relación que una de ellas tiene con los misterios de Eleusis, y también con la batalla que tuvo lugar, según nos relata la Biblia, entre la tribu de Efraín y Jefté, el ilustre general de los hombres de Galaad.

Los compañeros tienen como instructor al Primer Vigilante, acuden a los trabajos con el peto de su mandil plegado y se sientan en el templo en la zona de la columna del Mediodía. Deben trabajar la piedra cúbica e investigar los misterios de la naturaleza y de las ciencias.

Como habrá podido observarse, en este grado simbólico se insiste constantemente en la importante función que tiene para la Masonería y para el futuro compañero el estudio de todo tipo de saberes y conocimientos, ya que solo el hombre instruido es libre y solo él estará capacitado para amar la Ciencia, las Artes y la Verdad.

Solo a ese hombre, capaz de distinguir entre la verdad y el error, le estará permitido acercarse a las gradas del templo que la Masonería construye, para dedicarlo a la virtud y a la confraternidad humana. Esta es la razón principal por la que en este segundo grado se enseña a honrar a la Ciencia, a practicar la Virtud y a amar el Trabajo; solo de este modo se podrán levantar templos inmateriales a la Virtud y al Progreso.

El compañero que ha trabajado con esmero y asiduidad para dominar las artes y las ciencias, habrá tenido la oportunidad de elevarse hacia el Conocimiento perfecto, desde donde podrá percibir los diversos aspectos de la Verdad. De ese modo habrá podido avanzar, con firmeza y seguridad, por las sendas de la sabiduría y del conocimiento.

Cuando su instructor personal, el Primer Vigilante, haya comprobado que un compañero masón se ha acercado al ideal masónico, convirtiéndose en una persona más virtuosa, justa e ilustrada, lo propondrá ante los Maestros masones de la logia para que sea elevado al tercer grado del simbolismo masónico, el denominado grado de Maestro.

Una vez votada y aprobada la propuesta del Primer Vigilante, el Compañero masón deberá, como candidato, presentar por escrito un trabajo simbólico relacionado con su grado. Finalizada la lectura, será interrogado para comprobar que conoce en profundidad las enseñanzas que ha recibido durante su periodo de instrucción en el grado de Compañero.

Seguidamente, tendrá lugar una nueva votación que, si es favorable, le permitirá acceder a la ceremonia de elevación al grado de Maestro.

Durante la ceremonia de recepción al tercer grado, se le comunicarán al candidato varias palabras de profundo significado esotérico e iniciático, y se le hablará sobre el mítico artesano que trabajó por primera vez los metales. Se le enseñará también lo que simboliza la escalera en espiral, así como sus distintos tramos y peldaños. Finalmente realizará su último trabajo como Compañero ante la Piedra Cúbica.

Seguidamente se le informará sobre Hiram, un hombre justo y fiel, célebre por sus conocimientos de arquitectura y gran experto en el arte de fundir y moldear los metales. Hiram era quien dirigía a los obreros que construían el templo de Jerusalén por iniciativa del rey Salomón.

En el curso de la ceremonia se le relatan al futuro Maestro, todas las circunstancias relacionadas con la muerte de Hiram y su vinculación con la ignorancia, el fanatismo y la ambición.

Tras haber visto las letras inscritas sobre las columnas del templo y haber aprendido el simbolismo de la acacia y del número siete, así como su estrecha relación con el conocimiento, el nuevo Maestro habrá aprendido a manejar a la perfección la escuadra y el compás. Con toda esta nueva formación continuará trabajando, como en los grados anteriores, a la Gloria del Gran Arquitecto del Universo, haciéndolo a partir de ahora en un lugar conocido como Cámara del Medio.

En este grado se habla abiertamente de espiritualidad, estando todo Maestro masón obligado a difundir la Luz a todos los lugares donde vaya.

La logia: El templo de Salomón

La logia es el lugar donde los masones nos reunimos y celebramos las ceremonias. En los antiguos preceptos de la masonería se llama logia *al lugar donde trabajan los miembros de la Masonería y también se da este nombre a todas aquellas asambleas o sociedades debidamente constituidas.* Es frecuente usar logia, templo o taller como sinónimos.

Este espacio físico, la logia, adquiere el carácter de sagrado al abrirse ritualmente los trabajos masónicos:

Hermanos, ya no estamos en el mundo profano. Hemos dejado nuestros metales a la puerta del Templo. Elevemos nuestros corazones fraternalmente y volvamos nuestra mirada hacia la Luz.

Así se exhorta a los presentes en logia, una vez terminada la apertura ritual de los trabajos. En ese momento, y para todos los masones esparcidos por la faz de la Tierra, la logia se convierte en el templo de Salomón; estamos ahora en Jerusalén y es mediodía.

La Masonería fundamenta su espiritualidad alrededor de la construcción del templo de Salomón, imagen y símbolo del cosmos. El Templo masónico es el espacio sagrado, distanciado del mundo profano, donde se trabaja para acercarse a la Luz de la Verdad y del Conocimiento.

Esta idea de distanciamiento del mundo exterior está en la expresión: *La logia está a cubierto*. En las primeras instrucciones que recibe el recién iniciado masón está la explicación de su significado:

¿A qué puede compararse una Logia regularmente cubierta?

A la célula orgánica y, más específicamente al huevo, que contiene un ser con posibilidad de desarrollo. Todo cerebro pensante puede compararse a un taller cerrado o a una asamblea deliberante, al abrigo de las agitaciones procedentes del exterior.

Este espacio físico, este habitáculo que es la logia tiene unas dimensiones precisas y establecidas. Veamos:

¿Qué forma tiene vuestra Logia?
Un cuadrado alargado.
¿Cuánto mide de largo?
Desde Oriente hasta Occidente.
¿Y de ancho?
Desde el Mediodía hasta el Septentrión.
¿Y de alto?
Desde el Cenit al Nadir.
¿Que significan sus dimensiones?
Que la Masonería es universal.

En la logia no deben penetrar ni la luz del día, ni los ruidos del exterior. Solo hay una puerta de entrada, de dos hojas, que indica el Occidente. En esta puerta se hallan las dos columnas B.·. y J.·., a derecha e izquierda, a semejanza del templo de Salomón y según lo descrito en la Biblia en el Primer Libro de los Reyes (I Reyes 7:15-22).

En la tradición judeo-cristiana, la columna tiene un sentido espiritual. La columna une la tierra con el cielo, es la unión del mundo sensible con lo que no comprendemos, con lo intangible, con lo trascendente, con el espíritu. La columna es el espíritu que nos sostiene.

En el libro de Job (9,6) se menciona a Yahvé, capaz de amenazar la existencia mundana: "Él sacude la tierra de sus cimientos, y hace vacilar sus columnas".

La columna es una guía en el camino. Así en el Éxodo (13,21) se dice que:

"Iba Yahvé delante de ellos, de día, en columna de nube, para guiarlos en su camino, y de noche, en columna de fuego, para alumbrarlos y que pudieran así marchar lo mismo de día que de noche".

En el centro del templo hay tres pilares o columnas pequeñas que corresponden a las tres virtudes que sostienen los trabajos. Estas tres virtudes, representadas por tres columnas o pilares, son: la Sabiduría, la Fuerza y la Belleza. Vamos a hablar de ellas.

La logia es una obra, es un templo, una catedral en construcción. Es inimaginable poder construir sin usar la inteligencia, los conocimientos, la sabiduría necesaria para afrontar y solucionar las dificultades que vayan surgiendo. La columna de la sabiduría es la del Venerable Maestro, quien dirige los trabajos de construcción. No olvidemos que los trabajos masónicos hacen referencia al templo de Salomón y la sabiduría es la cualidad más notable del Rey.

Recordamos el pasaje bíblico (I Reyes 3, 5-14):

Y apareció el señor en sueños a Salomón y le dijo: "Pídeme lo que quieras que te lo daré".

Salomón respondió: "[…] Tú, Señor y Dios mío, me has puesto para que reine en el lugar de David, mi padre, aunque yo soy un muchacho joven y sin experiencia.

Pero estoy al frente del pueblo que tú escogiste: un pueblo tan grande que, por su multitud, no puede contarse ni calcularse. Dame, pues, un corazón atento para gobernar a tu pueblo y para distinguir entre lo bueno y lo malo.

Dios le dijo: […] Voy a hacer lo que me has pedido: yo te concedo sabiduría e inteligencia como nadie la ha tenido antes que tú, ni la tendrá después de ti".

El Venerable Maestro preside la logia y representa al arquitecto que dirige los trabajos de ese templo cósmico y espiritual que se está construyendo. Cuando los Hermanos nos reunimos, tiene asignada la columna y la virtud de la sabiduría.

La Fuerza es la columna y la virtud asociada al Primer Vigilante. La Fuerza es necesaria para ejecutar los trabajos de construcción. No se trata de una fuerza bruta, se trata de realizar con inteligencia la acción necesaria para transformar la realidad, de manera similar a como el cantero transforma la piedra bruta en una piedra tallada y lista para encajar en el sitio al que va destinada, y así avanzar en la construcción de la catedral.

La tercera columna es la Belleza y está vinculada al Segundo Vigilante. La Belleza comunica espiritualidad y reflexión. El escritor ruso Dostoievski afirma en su novela *El idiota* que "la belleza salvará al mundo". Esta es la Belleza que conecta con lo mejor que hay en nosotros, que ha sido reflexionada por el filósofo Herbert Marcuse relacionando la ética y la estética. Incluso se habla de una "teología de la belleza", muy reelaborada por el teólogo suizo Hans Urs Von Balthasar. Es muy habitual atribuir a las conductas humanas calificativos estéticos: "Lo que has hecho está muy feo". La Belleza, en este sentido, está asociada a valores éticos como el amor al prójimo y la pureza de corazón.

El suelo de la logia está formado por baldosas blancas y negras, cuadradas, colocadas como el tablero de ajedrez. Se denomina *Pavimento Mosaico*, y es símbolo de la dualidad que existe en el mundo: masculino/femenino, cuerpo/espíritu, activo/pasivo, etc. El piso de mosaico de color blanco y negro es una llamada de atención sobre las polaridades de este mundo. Vivimos en la dualidad, esto es evidente; no obstante, nuestra perfección espiritual nos debe conducir a reflexionar si es posible la unicidad y en qué medida.

El techo de la logia recibe el nombre de *Bóveda Estrellada,* es de color azul y está decorado con estrellas. Están representadas la Osa Mayor, la Osa Menor, y la estrella Polar, situada en el centro del recinto.

La *Bóveda Estrellada* está rodeada por un cordón o cuerda de doce nudos que termina en un borlón por cada lado de la puerta, junto a las columnas B.·. y J.·. Los nudos reciben el nombre de "lazos de amor".

La logia o asamblea la dirige el Venerable Maestro, sentado en el Oriente, quien cuenta con la ayuda de su Colegio de Oficiales. Encima del sitial del Venerable Maestro, flanqueados por el Sol y la Luna, se halla el Delta Radiante: un triángulo que contiene en su interior el "ojo que todo lo ve".

El Venerable dirige la logia con la ayuda del Primer y Segundo Vigilante. Otros Oficiales son: el Secretario, memoria de la logia, a cargo de los Libros de Actas; el Orador, que representa la ley masónica; el Maestro de Ceremonias, que dirige estas e introduce a los Hermanos en el templo; el Experto, responsable del rigor de los Trabajos; el Tesorero, que maneja los fondos de la logia; el Guarda Templo, que vigila la entrada y es responsable de la seguridad.

Hay tres elementos indispensables para que los Trabajos de la logia puedan ser abiertos regularmente. Estos se se denominan las *Tres Grandes Luces,* y son: el Volumen de la Ley Sagrada, la Escuadra y el Compás. Las tres están colocadas sobre el Altar cuadrado llamado *de los Juramentos*, instalado al pie de los peldaños que dan acceso al Oriente.

El Volumen de la Ley Sagrada permanecerá abierto durante los trabajos y encima se colocará la Escuadra y el

Compás. Los Libros admitidos como Volumen de la Ley Sagrada, además de la Biblia, son: Los Vedas del hinduismo, el Tripitaka búdico, el Corán, el Tao Te King, los Cuatro Libros de Confucio y el Zend-Avesta zoroastriano.

La Escuadra, al ser una herramienta que sirve para comprobar los ángulos rectos, representa en Masonería la rectitud moral. De ahí la expresión *vivir según la escuadra*, atendiendo a los principios masónicos.

El Compás viene a representar el conocimiento supremo, el *Cielo de la espiritualidad*. Dante lo expone con gran belleza:

> El que volvió el compás
>
> hasta el confín del mundo, y dentro de este
>
> guardó lo manifiesto y lo secreto,
>
> no podía imprimir su poderío
>
> en todo el universo, de tal modo
>
> que su verso no fuese aún infinito.
>
> (Paraíso, Canto XIX, 40-42)

Solo se pueden abrir regularmente los Trabajos de una Logia si se alcanza un *quórum* mínimo. Este mínimo viene preestablecido. Por ejemplo: Solo se pueden abrir los Trabajos si hay al menos siete Hermanos Maestros presentes.

Hay que destacar que cada logia tiene una identidad propia distinta de las otras; es la personalidad de la logia.

Todas son diferentes en función del carácter, formación e idiosincrasia de sus Maestros. Todo esto influye en la evolución de la propia logia, de tal manera que podemos decir que no hay dos iguales. Es la diversidad lo que nos enriquece.

Podemos distinguir varios tipos de logias:

- Triángulo: compuesta por tres Maestros, es el paso previo para la constitución de una logia con número suficiente de Maestros.

- Logia formalmente constituida: la que cuenta con un mínimo de siete Maestros.

- Logia del Oriente Eterno: Cuando un masón fallece se dice que ha pasado al Oriente Eterno.

- Logia de Investigación: es una Logia que se dedica al estudio y a la investigación de temas masónicos.

- Logia Madre: es la logia donde un masón ha recibido la iniciación, recordada con gran cariño y afecto.

ORIENTE

LUNA

A.I.G.D.G.A.D.U.

SOL

VISITANTES

DIPUTADO

VENERABLE
MAESTRO

HERMANO
SECRETARIO

LUGAR DE LECTURA
DE LAS PLANCHAS

HERMANO
ORADOR

HERMANO
HOSPITALARIO

LUGAR DE LA
PIEDRA BRUTA

LUGAR DE LA
PIEDRA CÚBICA

HERMANO
TESORERO

HERMANO
EXPERTO

ALTAR CON EL LIBRO SAGRADO,
LA ESCUADRA Y EL COMPÁS

HERMANO
MAESTRO DE
CEREMONIA

MAESTROS

MANTROS

COMPAÑEROS

COLUMNA DE LA
LUZ DE LA SABIDURÍA

SEPTENTRIÓN

APRENDICES

MAESTROS

MAESTROS

CUADRO
DE
LOGIA

Suelo ajedrezado

SEGUNDO
VIGILANTE
DE LOGIA

SUR

COLUMNA DE LA
LUZ DE LA FUERZA

COLUMNA DE LA
LUZ DE LA BELLEZA

MAESTROS

MANTROS

COMPAÑEROS

COLUMNA
BOAZ

COLUMNA
JAKIM

PRIMER
VIGILANTE
DE LOGIA

HERMANO
GUARDATEMPLO

B

J

OCCIDENTE
(PUERTA DEL TEMPLO)

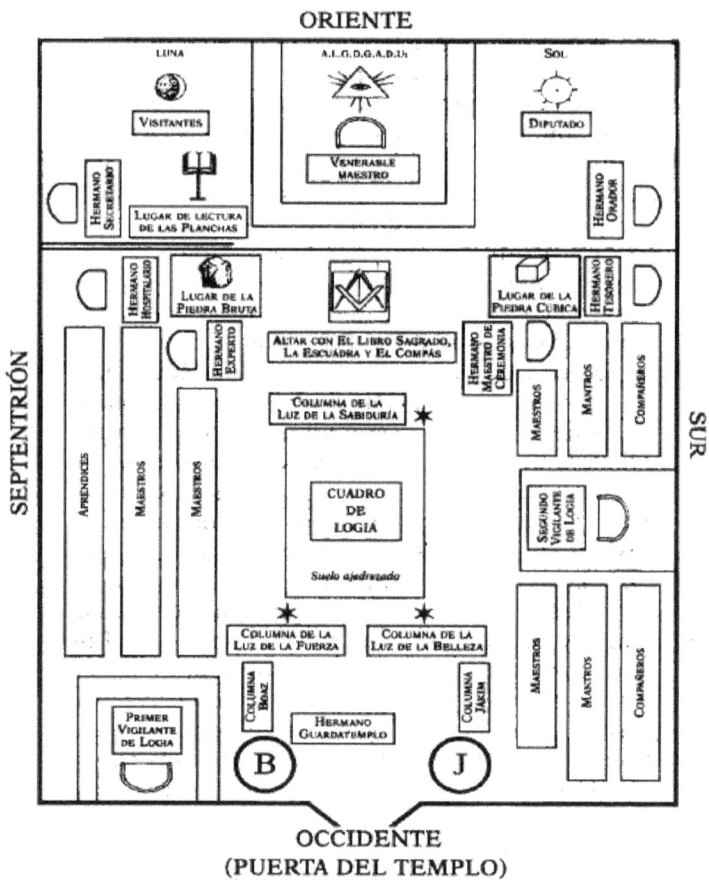

Plano de una Logia.

El simbolismo y el rito

El símbolo es una de las formas que tenemos los humanos para expresar un pensamiento o una idea. Una palabra o una imagen se convierten en símbolos cuando representa algo más que su significado inmediato y obvio. En las sociedades antiguas, las creencias se expresaban por medio de este lenguaje simbólico. Aristóteles decía que "no se piensa sin imágenes" y podemos decir que la religión siempre ha estado ligada a una serie de símbolos y a sus significados.

El inconsciente colectivo es un concepto introducido por el psiquiatra suizo Carl Gustav Jung para referirse a la existencia de un sustrato común a todos los seres humanos, cualquiera que sea la época y cultura en la que hayan vivido. El símbolo viene a ser el lenguaje idóneo para expresar este inconsciente colectivo que está más allá de la razón.

En el mundo primitivo todos los hombres poseían este lenguaje universal, pero con el transcurso del tiempo y la evolución se perdió este lenguaje común a todos los seres humanos. El relato bíblico de la torre de Babel recoge el momento de la pérdida de ese lenguaje universal:

> Tenía entonces toda la tierra una sola lengua y unas mismas palabras.

Y se dijeron unos a otros: "Vamos, hagamos ladrillo y cozámoslo con fuego". Y les sirvió el ladrillo en lugar de piedra, y el asfalto en lugar de mezcla.

Y dijeron: "Vamos, edifiquemos una ciudad y una torre, cuya cúspide llegue al cielo; y hagámonos un nombre, por si fuéremos esparcidos sobre la faz de toda la tierra".

Y descendió Jehová para ver la ciudad y la torre que edificaban los hijos de los hombres.

Y dijo Jehová: "He aquí el pueblo es uno, y todos estos tienen un solo lenguaje; y han comenzado la obra, y nada les hará desistir ahora de lo que han pensado hacer.

Ahora, pues, descendamos, y confundamos allí su lengua, para que ninguno entienda el habla de su compañero".

Así los esparció Jehová desde allí sobre la faz de toda la tierra, y dejaron de edificar la ciudad.

Por esto fue llamado el nombre de ella Babel, porque allí confundió Jehová el lenguaje de toda la tierra, y desde allí los esparció sobre la faz de toda la tierra (Gn 11:1-9).

Los masones anhelamos acercarnos a ese lenguaje universal con el trabajo en las logias. Usamos como instrumentos el símbolo y la reflexión. No llegaremos nunca a ningún sitio con una burda construcción material de cañas y barro. Nuestro trabajo va en dirección contraria al de los constructores de la torre de Babel. Solo la espiritualidad puede acercarnos a ese lenguaje universal, entendido como sabiduría tradicional de todos los tiempos. En las logias se trabaja el simbolismo masónico.

Entendemos que la creación, el universo visible, tiene un vínculo que pretendemos descifrar, y que nos remite a nuestro interior.

En el siglo XX, el concepto de símbolo ha sido puesto en el centro de la filosofía de la mano de Ernst Cassirer, para quien el ser humano es un animal simbólico. Esto quiere decir que pensamos y actuamos simbólicamente. El hombre capta la realidad en formas simbólicas: mito, religión, arte, etc.

El rito y el símbolo están íntimamente unidos. El rito es la teatralización o representación del símbolo. Se podría decir que el rito es el símbolo en acción, desarrollado en el marco de una ceremonia, y constituye un elemento común a toda organización espiritual o religiosa. La celebración de la ceremonia se desarrolla según un guión que pormenoriza todos los movimientos, palabras, locuciones, música, etc. La improvisación no tiene sitio en la ceremonia ritual.

Es una evidencia que al configurar sus pasos por la vida, todos los seres humanos tienden a la ritualidad.

En toda cultura y tiempo siempre hay un rito social o religioso que rige la celebración de los momentos más relevantes de una existencia, de una comunidad, de un país. Todo rito aporta sentido e identidad a nuestras acciones, supone un código necesario para relacionarnos, una respuesta a la ansiedad que produce en la persona la realidad amenazadora que se le impone, un eficaz antídoto contra la rutina vital.

En la bella obra literaria de Antoine de Saint-Exupery, *El Principito*, el protagonista pregunta con curiosidad "¿Qué es un rito?" La respuesta que recibe es contundente: "Rito es lo que hace que todas las horas y todos los días no sean iguales". Los ritos son, pues, formas de permanencia en un tiempo y lugar determinados, que nos permite adueñarnos de un momento concreto.

A través del rito se transmite la influencia de una tradición espiritual concreta, y se produce la conexión con ese elemento divino que habita en nosotros.

El rito no existe únicamente en la Masonería. Es un ingrediente necesario en toda institución religiosa o espiritual. Una gran parte del culto religioso tiene un carácter ritual. El rito es un tipo especial de culto. Podríamos decir que el rito es tradicional, recibido del pasado, y se hace de un determinado modo porque siempre se ha hecho de esa manera, pues sus significados son perennes.

Pero todo rito necesita ser aceptado y comprendido. Aprehendido con la inteligencia y con el corazón por el grupo que va a relacionarse con su código inteligente y afectivo, para así incorporarlo a la vitalidad individual. Si no es así, el rito no es acción ni forma de permanencia, quedándose en una patética reiteración dramática incapaz de reflejar lo trascendente. El rito es expresión en su esencia.

Para definir, con justicia, el conjunto de reglas establecidas que conceptúan el rito masónico, es preciso penetrar en su esencia más profunda, que no es otra que el lento e intenso trabajo espiritual que todo masón debe llevar a cabo sobre sí mismo a lo largo de su trayectoria iniciática.

Todo rito masónico es una compleja armonización entre palabra y acción. Acción simbólica con potencia espiritual suficiente como para acercarse a lo trascendente. En el caso de los ritos masónicos, este acercamiento debe realizarse obligatoriamente en un contexto grupal, conforme a unas reglas preestablecidas y aceptadas por todos, y que deben respetarse escrupulosamente con el fin de hacer presente el mundo intangible e inefable que se pretende simbolizar.

Cualquier rito masónico regular debe ser válido, legítimo, operante y estrictamente respetuoso con la tradición masónica.

A lo largo de la historia de la Masonería ha habido una gran cantidad de ritos. Actualmente los más utilizados son el Rito Escocés Antiguo y Aceptado, el Rito de Emulación, el Rito de York, el Rito Escocés Rectificado, el Rito Francés y el Rito de Memphis-Misraim.

Todos los ritos tienen muchos elementos comunes y su existencia es una manifestación de la gran riqueza simbólica de la tradición masónica.

Hemos hablado del símbolo y del rito como método para aprehender de forma intuitiva el Conocimiento, la Sabiduría que, siguiendo a Jung, hemos llamado también inconsciente colectivo. Una experiencia personal única, una transformación de crecimiento. Algo ancestral y primigenio.

Estamos en el ámbito de la experiencia interna, profunda, totalmente intransmisible al ser, de naturaleza íntima. Está escondida en la intimidad del iniciado, pertenece a su interior, y sin embargo es totalmente real para quien la vive. ¿Es posible explicar algo así? ¿Es posible transmitir esa vivencia? Naturalmente que no. Ahí es donde entramos en la idea del *secreto masónico*. Este secreto se protege por sí solo, pues estamos hablando de algo intransmisible. El símbolo masónico o el Ritual como lenguaje y como contenido, solo es accesible a quien sabe leer y aprehender su significado. El profano que no esté preparado para entender esta experiencia la encontrará incomprensible, y con seguridad la desfigurará. Esta es la realidad última del secreto masónico, que no debería generar desconfianza hacía la Masonería, ya que debe entenderse como un procedimiento iniciático.

El Ritual es el libro en el que se recogen de forma detallada y pormenorizada todas las actuaciones, momentos, expresiones, detalles, etc., que se deben seguir para desarrollar los trabajos en logia en el transcurso de una ceremonia concreta. Con el Ritual se consigue la uniformidad y se crea el espíritu de unidad necesaria para desarrollar los trabajos con armonía.

El Gran Arquitecto del Universo (GADU)

El Gran Arquitecto Del Universo o Gran Geómetra del Universo, conocido como *GADU*, es el nombre simbólico para referirse en la Masonería al Principio Creador o Causa Primera.

Tal vez sea uno de los conceptos más difíciles de captar, incluso para masones ya iniciados.

Dicha expresión fue utilizada en el Renacimiento por alquimistas, astrónomos, filósofos y artistas. El Gran Arquitecto designaba claramente a Dios. En la carta de Clemente, obispo de Roma, dirigida a los corintios, se menciona a Dios como Creador o Artesano del Universo:

> Los astros del firmamento obedecen en sus movimientos, con exactitud y orden, las reglas que de Él han recibido; el día y la noche van haciendo su camino, tal como Él lo ha determinado, sin que jamás un día irrumpa sobre otro. El Sol, la Luna y el coro de los astros siguen las órbitas que Él les ha señalado en armonía y sin transgresión alguna. La Tierra fecunda, sometiéndose a sus decretos, ofrece, según el orden de las estaciones, la subsistencia tanto a los hombres como a los animales y a todos los seres vivientes que la habitan, sin que jamás desobedezca el orden que Dios le ha fijado.

La frase que dice que "Dios utiliza siempre procedimientos geométricos" se atribuye a Platón. Los griegos pensaban que la Verdad, el Conocimiento constatable, lo proporciona la geometría, capaz de desentrañar y medir los misterios del mundo. Incluso para poder entender la filosofía habría que saber matemáticas. La prestigiosa Academia de Platón advertía: "Nadie ingrese aquí si ignora la geometría".

En el arte religioso cristiano de la Edad Media se representa con frecuencia la figura del Dios-Creador como geómetra, con un compás en la mano derecha con el que traza o mide el mundo.

Existen en la Biblia cuatrocientas referencias a la labor de construcción. Edificar algo es oponerse a la inercia, combatir la decadencia; es en sí mismo un logro, conseguir algo, crear. Dios es, en la Biblia, arquitecto y constructor. Es el hacedor de la obra de la creación. Es albañil: "Mi mano fundó también la tierra". Dios emplea muchos instrumentos de albañilería: cubetas, balanzas, calibradores, cintas métricas, plomadas. (Is 40:12, Jer 31:27. Job 26; 10; 38; 4-7).

Recordemos en el Antiguo Testamento la visión del profeta Amós:

> El Señor me mostró también esto: Estaba Él junto a un muro y tenía en la mano una plomada de albañil, y me preguntó:
> −¿Qué ves Amós?
> −Una plomada de albañil −respondí.

–Pues con esta plomada de albañil voy a ver cómo de recta es la conducta de mi pueblo Israel. No le voy a perdonar ni una vez más (Amós 7:7-8).

Debemos aclarar que la Masonería no es una religión ni un sustitutivo de esta. No propone ninguna doctrina de fe como propia, no existe un "Dios masónico". El Dios o creencia del masón es el de la religión o creencia que él mismo pudiera profesar.

El Gran Arquitecto del Universo no es un dogma ni un objeto de culto, sino un símbolo que agrupa el común denominador de todas las creencias y puede ser aceptado por todos los masones sin distinción de opiniones filosóficas o creencias religiosas.

Las Constituciones de Anderson, uno de los textos fundacionales de la Masonería moderna o especulativa dice:

> Aun cuando en los tiempos antiguos los masones estaban obligados a practicar la religión que se observaba en los países donde habitaban, hoy se ha creído más oportuno no imponer otra religión que aquella en que todos los hombres están de acuerdo, y dejarles completa libertad respecto a sus opiniones personales. Esta religión consiste en ser hombre bueno y leal, es decir, hombres de honor y de probidad, cualquiera que sea la diferencia de sus nombres o de sus convicciones. De este modo la Masonería se convertirá en un centro de unidad y en el medio de establecer relaciones amistosas entre gentes que, fuera de ella, hubieran permanecido separados entre sí.

Esta forma de entender la religión nos evoca la filosofía de Baruch Spinoza, el gran filósofo de origen sefardita. Suscribimos la opinión que lo considera el padre del pensamiento moderno. Spinoza distingue tres tipos de discursos religiosos. El primero estaría vinculado a la superstición, y en cuanto tal no conduce a nada. El segundo discurso religioso sería la reflexión filosófica acerca de la naturaleza de Dios, pero le parece que para llegar a esta reflexión filosófica es necesario un acercamiento intermedio que tenga en cuenta las dificultades de los hombres para acceder a este tipo de reflexión. Este acercamiento o religión puente es la religión universal, que consiste en la práctica de la justicia y la caridad y que va a posibilitar la reflexión filosófica, ya que no pone el acento ni en un credo, ni en prácticas rituales, lo cual posibilita el uso de la razón.

La influencia de Spinoza en las Constituciones de Anderson, y por consiguiente en la masonería es, desde mi punto de vista, algo indubitable.

En el Convento Universal de los Supremos Consejos del Rito Escocés Antiguo y Aceptado de Lausana de 22 de septiembre de 1875, se adoptaron unas definiciones que es útil traer aquí.

En el documento titulado *Definiciones*, se puede leer:

> La Francmasonería proclama, como lo ha hecho siempre, desde su origen, la existencia de un Principio Creador, bajo el nombre de Gran Arquitecto del Universo.

El Convento aclara que la Masonería:

> No impone ningún límite a la investigación de la verdad y exige a todos la tolerancia, a fin de garantizar a todos esa libertad. A aquellos para quienes la religión constituye el consuelo supremo, la Masonería les dice: cultivad vuestra religión sin obstáculos, seguid los dictados de vuestra conciencia. La Francmasonería no es una religión y no tiene culto. Propone también una instrucción laica, cuya doctrina está contenida en esta hermosa prescripción: Ama a Dios con todas tus fuerzas, y al prójimo como a ti mismo.

Asimismo se postula el carácter adogmático:

> Para dignificar al hombre ante sus propios ojos, para hacerle digno de su misión en la Tierra, la Masonería escocesa proclama el principio de que el Creador Supremo ha dado al hombre la libertad como su bien más precioso; la libertad, patrimonio de toda la humanidad, luz de lo alto que nadie tiene poder ni derecho para apagar ni amortiguar y que es la fuente de los sentimientos de honor y dignidad.

La clave para entender la concepción del Gran Arquitecto del Universo como símbolo masónico, según estamos exponiendo, es que conecta con algo común a toda la humanidad y muy por encima de cualquier creencia religiosa concreta. Aquello que puede unir a los hombres no es la creencia o la revelación; antes al contrario, esto nos separa como seres humanos. Es la propia experiencia espiritual individual en sí misma la que nos integra en una gran fraternidad universal, la que posibilita que, independiente de las creencias individuales o las revelaciones de cada época o religión, el Gran Arquitecto del Universo reúna personas tan distintas para trabajar en su nombre.

El símbolo del GADU, insistimos, no está unido a ninguna creencia. Por consiguiente, expresa la fe del masón, entendida como fuerza interior que instiga al hombre a la búsqueda, situándose en la total libertad de conciencia. El GADU está en un plano ideal, de una forma natural, trascendiendo el caos, exaltando los valores espirituales más elevados, en el ámbito de lo sagrado y conduciendo el viaje hacia lo Invisible.

El Gran Arquitecto del Universo es un símbolo tradicional en la Masonería, cuyo contenido, interpretación y relevancia también varía según la corriente masónica de que se trate.

Para determinadas corrientes, el Gran Arquitecto del Universo representa al Ser Supremo cuya creencia e invocación en la práctica del rito son imprescindibles. Para otras corrientes de la Masonería, establecer la condición de la creencia en un Ser Supremo supondría limitar la libertad de conciencia de sus miembros, por lo que no les exigen profesar ningún tipo de creencia. Los masones, como individuos, somos en todo caso libres de darle el contenido que mejor se ajuste a nuestras creencias. Como todos los símbolos, proporciona un marco, pero su interpretación concreta corresponde a cada cual.

Como final de lo expuesto vamos a recordar, en otra tradición cultural distinta a la judeo-cristiana, la intervención en el año 1893 de Swami Vivekananda, también maestro masón, en el Parlamento de las Religiones de Chicago. Sus palabras acerca del hinduismo como religión de tolerancia podrían ser suscritas por todos los masones esparcidos por la faz de la tierra:

> [...] Me enorgullezco de pertenecer a una religión que ha enseñado al mundo tanto la tolerancia como la aceptación universal. No solo creemos en la tolerancia universal sino que aceptamos que todas las religiones son verdaderas [...]. Voy a citar, hermanos, unos versos que recitan todos los días millones de seres humanos: "Como todos los ríos nacidos en distintos lugares mezclan sus aguas en el mar, del mismo modo, Señor, los diferentes caminos que toman los hombres debido a sus tendencias diversas, aunque parezcan distintos, sinuosos o rectos, todos llevan a ti.

Quién dirige la logia: los Oficiales

Hemos dicho que la logia es el lugar donde trabajan los miembros de la Masonería, y que es frecuente usar los términos logia, taller y templo como sinónimos. Ahora queremos saber qué ocurre y cómo discurren esas reuniones.

En las Tenidas, que es como también se llaman las reuniones masónicas, no hay lugar para la improvisación; todo está regulado y preestablecido. Las intervenciones, el orden del día, la apertura y cierre de los trabajos, todo, todo, tiene un orden y una secuencia. Esto no sería posible sin una dirección de los trabajos que se realizan. Los Oficiales son los Hermanos que ayudan al Venerable Maestro en la dirección de la logia y en la correcta realización de los trabajos.

El Venerable Maestro y su cuadro de Oficiales son elegidos por votación entre los Maestros de la propia Logia, cada año, y sus mandatos suelen estar limitados a un máximo de dos o tres años.

Las Constituciones de Anderson, que como hemos dicho es uno de los textos fundamentales de la Masonería especulativa o moderna, ya en 1723 habla de los principios democráticos. Anderson dice: "Entre los masones, las preferencias no pueden fundamentarse más que en el mérito personal"; y añade: "Por está razón los Maestros e Inspectores deben ser elegidos teniendo en cuenta [...] sus méritos personales". Impresiona el carácter rompedor de estas afirmaciones en el año 1723. Se muestra con ello el espíritu profundamente democrático de la Masonería. Esta es la principal razón de la persecución que los masones han sufrido por las diferentes dictaduras.

El Venerable Maestro es quien preside la logia. Existe una ceremonia específica y solemne para su instalación, que enfatiza su importancia y la responsabilidad que asume en su mandato. Es el único que puede convocar las tenidas, tanto ordinarias como extraordinarias, y dirigir los debates. De su buen hacer depende la supervivencia de la logia.

En la Ceremonia de Instalación, que es algo así como la toma de posesión de los cargos, le es entregada una espada flamígera, símbolo del poder espiritual y un mallete, símbolo del poder temporal. Su autoridad es asumida por toda la logia. Se sienta simbólicamente en el Oriente, el lugar de la tierra por donde sale el Sol. Él representa la Sabiduría.

En la dirección de la logia, el Venerable es auxiliado por dos Oficiales, el Primer y Segundo Vigilante, quienes le ayudan en la labor de dirección. Juntos forman *las Luces de Orden*, y vamos a hablar de ellos.

El Primer Vigilante es el director de los Compañeros y guardián de la disciplina. El Venerable se dirige a él, en la instalación, recordando sus deberes:

Muy Querido Hermano: habéis sido llamado a secundarme de la forma más directa. Habiendo de ocuparme yo de la dirección general de la Logia, cuento con vos para el mantenimiento de la disciplina entre los obreros.

Os sentáis en Occidente y observáis su puntualidad en el trabajo y la asiduidad; deberéis llamarlos al orden si cejan en su celo. Vuestra vigilancia debe ser estricta, puesto que seréis responsable de su flaqueza. Como detentador del Nivel, tenéis, además, la misión de vigilar la instrucción masónica de los Compañeros de la Logia.

¿Os comprometéis, mediante juramento, a cumplir los deberes que acabo de indicaros?

Una vez ocupe su lugar el Venerable Maestro vuelve a dirigirse a él con esta exhortación:

[…] Recibid el pectoral ornado con el nivel, símbolo de nuestra sumisión a la Ley que se impone a todos y ante la que todos somos iguales. Deberéis poner la Fuerza al servicio de nuestra Ley común, con el fin de asegurar la buena ejecución de nuestro Trabajo.

Ha quedado claro que la Fuerza y el Nivel son los símbolos del Primer Vigilante.

El Segundo Vigilante auxilia al Venerable en la dirección de los trabajos, y es el responsable de la importantísima función de instruir a los Aprendices de la logia. Al prestar juramento, el Venerable se dirige a él y le recuerda sus obligaciones con estas bellas palabras:

Vuestro puesto se halla al Mediodía, a plena luz, y tenéis la misión de vigilar la instrucción masónica de los Aprendices de la Logia. Ostentáis la Plomada, que nos sugiere no detenernos ante el aspecto externo de las cosas y penetrar en el sentido oculto de las alegorías y de los símbolos.

¿Os comprometéis, mediante juramento, a cumplir ese papel de educador, responsable de los conocimientos iniciáticos de los recién iniciados?

A continuación, una vez al lado del sitio que va a ocupar en logia, se le inviste con el pectoral de su oficio y el Venerable vuelve a dirigirse a él:

[...] recibid el Pectoral en el que figura la Plomada, símbolo de la búsqueda de la Verdad en las profundidades en las que se esconde, y de la elevación de los sentimientos masónicos hacia lo alto. Tanto arriba como abajo, descubriréis la Belleza del espíritu y del corazón.

Como estamos viendo, los símbolos del Segundo Vigilante son la Plomada y la Belleza.

Vamos a referirnos ahora al Guarda-Templo, oficial que vela por la seguridad de las tenidas. Se sitúa en el Occidente, a la entrada del templo, y suele recaer en el pasado Venerable, que pasa así de dirigir los trabajos con toda la autoridad de la logia a un oficio muy importante: vigilar la entrada en el templo. Evidentemente, se trata de una labor con menos protagonismo, que expresa la total dignidad de cualquier trabajo bien hecho, así como la igualdad más absoluta. Su signo es una espada.

Hemos hablado de cuatro oficios: Venerable, Primer Vigilante, Segundo Vigilante y Guarda-templo. Hemos visto que el Venerable se sienta en el Oriente, el primer Vigilante y el Guarda-templo en Occidente, y el Segundo Vigilante en el Mediodía. Esto nos lleva a reflexionar sobre la importancia de los puntos cardinales en el simbolismo masónico. La logia como recreación del universo tiene sus puntos cardinales con toda su carga simbólica.

El sol se levanta por el este y se pone por el oeste: *Ex oriente lux*. El Oriente es el origen de la Luz. Dirigirse al Oriente es ir en la búsqueda de la Luz.

El templo masónico hace referencia a los cuatro puntos cardinales, a los cuales conviene añadir la dimensión vertical: cenit-nadir. Es en este espacio cósmico-simbólico donde los Hermanos masones trabajamos y luchamos por ordenar el caos, en un intento de supervivencia interior. *Ordo ab Chao*. Los diferentes oficios, los decorados y cada uno de los Hermanos asistentes a los trabajos, están ya fuera del mundo profano y se integran en este espacio sagrado.

En el **Rito Escocés Antiguo Aceptado** existen diez oficios:

— **Venerable:** Es el presidente de la logia. Este oficio es fundamental para el funcionamiento de la logia, ya que su buen hacer se refleja directamente en los trabajos de la misma.

— Dos **Vigilantes:** Son los ayudantes directos del Venerable Maestro en la dirección de la logia.

— **Orador:** Es el Oficial encargado de que se respeten las normas jurídicas de la Masonería: usos y costumbres, las constituciones de Anderson, etc.

— **Secretario:** Es la memoria de la logia. Es el responsable de toda la actividad de secretaria y administrativa que genera la logia.

— **Tesorero**: Es el Hermano que lleva las finanzas de la logia.

— **Hospitalario**: Oficial de la logia que se encarga de los actos de filantropía y de la situación de los hermanos: cuando están enfermos, les aqueja algún problema personal, etc.

— **Experto**: Prepara las ceremonias, vigila que estén todos los instrumentos y decoraciones necesarias para la celebración de la Tenida. Es responsable del cumplimiento del Ritual.

— **Maestro de Ceremonias**: Es el Oficial encargado de dirigir el movimiento de la teatralización del ritual. Su herramienta es un bastón con el que va marcando su paso dentro de la logia.

— **Guarda-Templo**: Es el Oficial encargado de la seguridad de las Tenidas. Su sitio es a la puerta del templo y empuña su espada presto a defenderlo de extraños.

Además existen otros dos oficios importantísimos: el Maestro de Banquetes, el Oficial encargado de la preparación de los ágapes y celebraciones, y el Maestro de Armonía, el Oficial encargado de la música que enfatiza los diferentes momentos de la ceremonia.

La leyenda de Hiram

La muerte es motivo de reflexión y preocupación desde siempre, y ha obsesionado a los hombres y mujeres de todos los tiempos y civilizaciones, que han intentado comprender lo que nos ocurre en este trance.

La Masonería aborda el tema de la muerte en esta alegoría de Hiram. Todas las culturas, creencias o religiones tienen irremediablemente que encarar el hecho de que los seres humanos, como todos los seres vivos, morimos.

La Masonería y en concreto el grado de Maestro da una gran importancia a lo que se denomina la Leyenda de Hiram, que recoge un conjunto de enseñanzas y valores a transmitir a los Hermanos masones. La narración de la leyenda cuenta que Hiram fue asesinado por tres Compañeros que trabajaban en la construcción del templo de Salomón, y deseaban tener acceso a un conocimiento que no les correspondía. Hiram prefirió morir antes que doblegarse ante las amenazas de estos malos Hermanos masones. El relato refleja el conflicto entre la virtud y los vicios humanos. Además y no menos importante, nos dice que la muerte no es el final, que la huella de nuestra virtud perdura en este mundo, en las personas cercanas —y quizás también en las no cercanas— una vez que ya no estamos, y que sin saberlo, pero intentándolo, quizás hayamos puesto nuestro granito de arena para lograr un mundo un poco mejor.

Los Maestros masones se reencarnan simbólicamente en un hombre virtuoso, Hiram, que supo defender sus valores pagando el alto precio de su vida. Su muerte no fue el final; al contrario, su virtud perdura en todos los masones esparcidos por la faz de la tierra. Por eso los masones son conocidos también como *los Hijos de la Viuda*. Me viene a la memoria el bonito poema de san Agustín de Hipona:

La muerte no es nada, solo he pasado a la
habitación de al lado. Yo soy yo, vosotros
sois vosotros. Lo que somos unos para los
otros seguimos siéndolo.
Dadme el nombre que siempre me habéis dado.
Hablad de mí como siempre lo habéis hecho.
No uséis un tono diferente.
No toméis un aire solemne y triste.
Seguid riendo de lo que nos hacía reír juntos.
Rezad, sonreíd, pensad en mí.
Que mi nombre sea pronunciado como siempre
lo ha sido, sin énfasis de ninguna clase, sin
señal de sombra. La vida es lo que siempre
ha sido. El hilo no se ha cortado.

Ahora bien, ¿quién es Hiram? En la Biblia hay dos personajes con el nombre de Hiram: el rey de Tiro y un gran artesano enviado desde Tiro para trabajar en el templo de Salomón.

El relato del templo, así como los dos Hiram, se encuentra desde 1 Reyes, capítulos 5 a 7, y también se relata en Crónicas, capítulo 2, versículos del 2 al 5.

Yo, pues, te he enviado un hombre hábil y entendido, Hiram-Abi (hijo de una mujer de las hijas de Dan, mas su padre fue de Tiro), el cual sabe trabajar en oro, plata, bronce y hierro, en piedra y en madera, en púrpura y en azul, en lino y en carmesí. Asimismo, sabe esculpir toda clase de figuras, y sacar toda forma de diseño que se le pida, con tus hombres peritos, y con los de mi señor David, tu padre.

Hacemos una descripción de la narración y la dramatización de la leyenda de Hiram, según se recoge en la tradición masónica, que tiene algunas variaciones según el rito que lo describe:

– La Luz que nos iluminaba ha desaparecido. El mejor de nuestros Hermanos ha caído bajo infames golpes mortales y estamos seguros, ¡ay!, de que los obreros que han cometido este crimen son Compañeros.

– ¿Tenéis conocimiento de alguna conspiración fraguada contra nuestra Orden y contra sus miembros?

Pues bien; si sois inocente de ese crimen, debemos comprobarlo ahora mismo. Acercaos a ese cadáver y, si no sois uno de los asesinos ni de sus cómplices, no deberéis temer que nuestro Hermano se yerga ante vos para clamar venganza y para maldeciros.

El relato continúa:

[…] El masón al que lloramos es aquel que iluminaba nuestros Trabajos, nos consolaba en nuestras aflicciones y nos estimulaba.

Ha sucumbido, víctima del más deleznable crimen.

El sabio rey Salomón tuvo el piadoso propósito de elevar un Templo a la gloria del Gran Arquitecto del Universo. Hiram, experto en el Arte arquitectónico y en el trabajo de los metales, había sido elegido para dirigir a los obreros, de los que fue nombrado Maestro.

Faltaba poco para que se concluyera la edificación, pero algunos Compañeros, viendo que la Obra iba a terminar y que ellos aún no conocían los Secretos de los Maestros, resolvieron penetrar en la Cámara del Medio de grado o por fuerza. Como no podían conseguir tal fin sin hallarse en posesión de la Palabra de los Maestros, se concertaron para arrancársela al Maestro Hiram.

Tres de esos miserables, los más corruptos, decidieron intimidar a Hiram para conseguir, tratando de asustarle, lo que no esperaban recibir de él por su libre voluntad. Se habían propuesto darle muerte acto seguido, para tratar de sustraerse al justo castigo que debería caer sobre ellos por tan criminal audacia.

Tras haber adoptado, secretamente y en la sombra, las medidas que, a su juicio, podrían hacerles triunfar en tan detestable empeño, esperaron hasta la caída del sol. En ese momento, cuando los obreros partían tras haber concluido su tarea, el Maestro, que se retiraba siempre el último, se encontraba solo y sin defensa.

El Templo tenía tres puertas: una hacia Oriente, otra hacia el Mediodía y la tercera hacia Occidente.

Los tres cómplices se situaron cada uno en una puerta,

a fin de que, si el Maestro escapaba de uno, no pudiera evitar a los otros.

Hiram, tras haber acabado de inspeccionar los Trabajos del día, iba a retirarse por la puerta del Mediodía.

Entonces salió a su encuentro uno de los conjurados, provisto de una pesada Plomada, a guisa de arma, y le pidió en tono amenazador ser admitido como Maestro. Hiram, con su acostumbrada bondad, le dijo: "No puedo yo solo concederos ese favor. Es necesario el consenso de mis Hermanos. Cuando hayas completado tu tiempo y te halles suficientemente instruido, consideraré un deber proponerte a la Cámara de Maestros". "Estoy ya suficientemente instruido", respondió el temerario, "y no os dejaré partir sin haber recibido de vos la Palabra de los Maestros".

A lo que Hiram respondió: "Insensato; no es así como yo la recibí ni cómo ha de ser solicitada. Trabaja, persevera y te verás recompensado".

Aquella respuesta exasperó al desalmado, que intentó golpear al Maestro en la cabeza con el pesado plomo de su plomada. Hiram consiguió esquivar el golpe, recibiéndolo en el hombro derecho. Pero aturdido, cayó sobre su rodilla derecha.

Dándose cuenta del peligro, Hiram trató de alcanzar la puerta de Occidente, pero en ella se encontraba apostado el segundo conjurado, que le exigió lo mismo, de igual forma amenazadora. El Maestro reaccionó con idéntica firmeza.

Pero el desalmado, esgrimiendo un Nivel como arma, intentó asestarle un golpe en la cabeza, que fue esquivado, recayendo sobre el hombro izquierdo del Maestro. La violencia del golpe hizo que Hiram cayera sobre su rodilla izquierda.

Aturdido por aquel nuevo golpe, el Maestro se dirigió a duras penas hacia la puerta de Oriente, última salida por la que esperaba poder escapar. Vana fue tal esperanza.

El tercer conjurado le detuvo, exigiendo, también amenazadoramente, que le fuera revelada la Palabra de los Maestros.

"Antes muerto", respondió Hiram a su tercer atacante, "que violar el Secreto que me ha sido confiado".

En aquel instante, el infame golpeó al Maestro fuertemente en la frente con el Mazo, derribándole sobre el suelo del Templo.

Así pereció aquel hombre justo, fiel al Deber hasta la muerte.

¡Ah, Hermanos! Tan solo él poseía el secreto de la obra que se estaba ejecutando. ¿Quién se atrevería ahora a sucederle?

Sin embargo, no nos desanimemos, Hermanos. Tras haber llorado a nuestro Maestro, arrebatemos su cadáver a sus asesinos. Rindamos a sus restos mortales los honores fúnebres debidos. Tal vez logremos recoger aún algún resto de su ciencia.

Viajad, Hermanos míos, de Occidente a Oriente por el Septentrión, y de Oriente a Occidente por el Mediodía, hasta que descubráis el sagrado lugar en que los infames asesinos han dejado el cuerpo de nuestro Maestro Hiram.

El relato prosigue, según la tradición, con el encuentro de la tumba del Maestro Hiram:

— Este árbol fúnebre, esta Acacia, me anuncia una sepultura. No hace mucho que ha sido plantada. Tal vez cubra la tumba de nuestro Maestro Hiram.

[…] Sí. Se dice que el Conocimiento reposa a la sombra de la Acacia [...] ¿Pero, qué veo? Una Escuadra y un Compás no me dejan lugar a dudas.

Que tres Hermanos se queden aquí, mientras vamos a informar al Muy Venerable Maestro de nuestro hallazgo.

[…] Viajando hacia Occidente, hemos percibido, a la luz del crepúsculo, una Acacia que cubría una tumba cuya tierra parecía haber sido recientemente removida. Los instrumentos que hemos encontrado junto a esa tumba nos han hecho pensar que en ella podía yacer nuestro Maestro Hiram, pero no nos hemos atrevido a turbar el reposo de sus restos y hemos decidido apresurarnos a informaros de tal hallazgo, a fin de que vengáis con nosotros para comprobar si nuestras conjeturas tienen fundamento.

Tres de nuestros Hermanos han quedado guardando la sepultura.

— [...] Ojalá hayáis encontrado el cuerpo de nuestro Maestro bienamado. No nos demoremos más; guiadme hasta allí

– [...] Veo a los Hermanos a quienes hemos confiado la custodia de la tumba. También la señal que nos ha sorprendido. Ahí está la Acacia.

Acerquémonos.

– ¡Ah Hermanos! Es él [...], es el Arquitecto.

Veo bien, por la forma en que está colocado y por los instrumentos abandonados en torno a esta fosa, a qué clase de obreros pertenecen los culpables que hemos de encontrar.

¡Diríase que aún respira!

Su noble rostro, que la muerte ha respetado, expresa la tranquilidad de su conciencia y la paz de su alma. Tan profunda fue la huella que la virtud había grabado en sus rasgos.

[...] Traslademos estos restos tan queridos y tan valiosos al recinto del Templo, para darles sepultura digna de nuestro querido Maestro.

El Rito Escocés Antiguo y Aceptado (REAA)

La masonería está formada por hombres libres y de buenas costumbres que trabajan en las logias para mejorar ética y espiritualmente.

El Rito Escocés Antiguo y Aceptado (REAA) es el sistema que, en una reflexión progresiva, a lo largo de 33 grados, inculca en el corazón del iniciado la vivencia de los valores humanos y éticos universales. Así mismo pretende que el iniciado vuelque estos valores en la sociedad, durante su existencia cotidiana.

Es el Rito masónico más practicado en el mundo. Aquí hablaremos solo del REAA, el que practicamos los autores, aunque existen igualmente otros ritos válidos y a los que respetamos plenamente.

El objetivo del Rito Escocés Antiguo y Aceptado es formar hombres imbuidos de un conjunto de valores entre los que mencionamos: amor a la libertad, a los derechos humanos, a la justicia, fraternidad, cumplimiento del deber, amor al progreso, amor a la sabiduría, amor al trabajo, tolerancia, etc. Estos valores deben ser llevados a la vida diaria, se trata de hacer habitual estos valores extraordinarios en la vida corriente de cada masón.

El Rito Escocés Antiguo Aceptado es el rito de la duda, no de las certezas. Desde el principio se insta al iniciado a plantearse la duda como el germen del conocimiento. Aristóteles dijo que "el ignorante afirma; el sabio duda y reflexiona". La duda es el inicio del quehacer filosófico y el REAA es profundamente filosófico.

La Masonería moderna o especulativa, que surge a partir de las antiguas cofradías de constructores, recoge la tradición ritual y simbólica de estos gremios medievales. La transformación de estas cofradías de constructores en la Masonería moderna o especulativa ocurre en el contexto histórico del siglo XVIII. En ese momento el pensamiento occidental tiene ya un camino sin retorno: la modernidad y el sueño de la Ilustración. El cruce de estas dos formas de organizar el pensamiento, la tradición simbólica medieval de las cofradías por un lado, y el espíritu de la Ilustración por otro, se sintetizan y están presentes en la Masonería moderna o especulativa.

Estamos viviendo un momento, el comienzo de la Masonería moderna o especulativa en el siglo XVIII, donde se piensa que lo irracional y lo supersticioso pronto serán cosa del pasado, que los dogmas van a dejar de existir, que la fuerza de la razón llevará a la humanidad a la paz, la justicia y la libertad. Este planteamiento lleva aparejada la pérdida de influencia de la religión institucional en la fundamentación vital del individuo. ¿Es posible basar una moral y justificar una forma de vida sin recurrir a una autoridad divina? Esta es la gran pregunta que surge en los momentos en que se está configurando el Rito Escocés Antiguo y Aceptado.

Y la respuesta del Rito Escocés Antiguo y Aceptado es un sistema que armoniza y aúna: la tradición mítica y simbólica de los constructores medievales, con su gran dosis de espiritualidad, el humanismo, la libertad, la reflexión filosófica, un fuerte sentido del deber y un conjunto de valores universales. Y todo esto tiene una vocación clara: crear hombres libres que trabajen para el progreso de la humanidad.

Los tres primeros grados del REAA: Aprendiz, Compañero y Maestro, son administrados y están bajo la jurisdicción de la institución de una Gran Logia. El resto de los grados, del 4º al 33º, son administrados y están bajo la jurisdicción de un organismo que se llama Supremo Consejo, que tiene también la importante misión de conservar, ser el guardián y velar por la pureza del rito.

Son las Grandes Constituciones de Berlín las que estipulan el reagrupamiento de la dispar y múltiple familia escocesa en un rito de 33 grados, y al haberse constituido bajo la autoridad de Federico II el texto fundador y la carta de naturaleza de los Supremos Consejos que hoy existen en el mundo, hallan en ella su Regla, y al respetarla, su Regularidad.

Las Constituciones presentan los 33 grados del REAA como una progresión continua, la cual es para todo francmasón que trabaja en este rito, la base en la que se fundamenta su práctica regular.

Federico II dio al nuevo rito el nombre de Rito Escocés Antiguo y Aceptado, habiéndose denominado originalmente Orden Real y Militar de la Antigua y Moderna Francmasonería. La casi totalidad de los Grados de este nuevo rito procedían de Europa, y más concretamente de Francia.

El REAA se introdujo en España a través de las logias militares francesas durante la invasión de 1808, y ha sido el Rito en el que normalmente ha trabajado la Masonería española.

Si se observa la evolución histórica y los avatares propios de la existencia de un rito concreto, podremos discernir qué ritual es capaz de producir el fenómeno trascendente de manera más fluida y natural en un determinado grupo de personas.

Desde la honestidad intelectual que siempre debe orientar todo tipo de juicio, podemos afirmar con rotundidad que tanto en España como en los países latinos, es el Rito Escocés Antiguo y Aceptado el que mejor se adapta a la mentalidad y al carácter de los habitantes de estos países.

Nuestra idiosincrasia acoge con mayor naturalidad, profundidad y afecto al REAA que a cualquier otro rito. Por este motivo, entre otras razones, ha calado desde siempre en España y ha producido esa fusión íntima entre persona y rito, propiciando el objetivo último de impulsar el crecimiento personal, intelectual, y espiritual de cada individuo.

De hecho, a través de sus ceremonias dramatizadas, el REAA pretende elevar el nivel de conciencia del individuo, favorecer su introspección, y sobre todo, despertar y potenciar su espiritualidad latente. Todo ello basándose en la confianza que la Masonería tiene en la perfectibilidad humana, estimulando por medio de la práctica constante de los diversos rituales, el cultivo de todo tipo de virtudes morales.

En un encuentro internacional de Supremos Consejos, que tuvo lugar en París los días 28 y 29 de septiembre de 1996, se concretaron los criterios de regularidad del Rito Escocés Antiguo y Aceptado:

— La invocación y glorificación del Gran Arquitecto del Universo.
— La presencia del Volumen de la Ley Sagrada en el altar de los Juramentos, siendo dicho volumen la Biblia, por referirse a ella las leyendas de los rituales.
— El respeto del espíritu de los textos fundacionales: Constituciones y Reglamentos de 1762 y Grandes Constituciones de 1786, tal como fueron adoptados por todos los Supremos Consejos del mundo.
— La utilización de las divisas *Ordo ab Chao* y *Deus meumque Ju*s.
— El respeto de la lenta progresividad, pasando por todos los grados del proceso iniciático previstos a tal fin.

El Rito Escocés Antiguo y Aceptado es un rito iniciático tradicional, que se funda en la primacía del Espíritu y hace que el adepto entre en la búsqueda de un conocimiento que le permita su perfeccionamiento moral y espiritual.

Como vía de realización espiritual propone a todos sus miembros un método de perfeccionamiento a través del simbolismo, favoreciendo un estado de ánimo que les permita dar un sentido pleno a la vida en una sociedad llena de contradicciones y en mutación constante.

Su mensaje no ha variado nunca, porque se halla fuera del tiempo y de las fluctuaciones de la Historia. Fundándose en la dimensión espiritual de su enseñanza, permite al hombre la Salvación, entendida esta como realización espiritual.

Como hemos señalado en otro capítulo, el Rito Escocés Antiguo y Aceptado contiene una jerarquía formada por treinta y tres grados, existiendo en cada país un Supremo Consejo del grado 33 y último grado del Rito Escocés Antiguo y Aceptado.

Ese Supremo Consejo administra exclusivamente los grados que van del 4º al 33º del Rito Escocés Antiguo y Aceptado, teniendo únicamente bajo su jurisdicción directa esos treinta grados, los cuales reciben los siguientes nombres:

4°   grado: Maestro Secreto

5°   grado: Maestro Perfecto

6°   grado: Secretario Íntimo

7°   grado: Preboste y Juez

8°   grado: Intendente de Edificios.

9°   grado: Maestro Elegido de los Nueve

10° grado: Ilustre Elegido de los Quince

11° grado: Sublime Caballero Elegido

12° grado: Gran Maestro Arquitecto

13° grado: Caballero del Arco Real

14° grado: Gran Elegido Perfecto y Sublime Masón

15° grado: Caballero de Oriente y de la Espada

16° grado: Príncipe de Jerusalén

17° grado: Caballero de Oriente y Occidente

18° grado: Caballero Rosa Cruz

19° grado: Gran Pontífice

20° grado: Venerable Maestro de las Logias Regulares

21° grado: Noaquita o Caballero Prusiano

22° grado: Caballero del Hacha Real

23° grado: Jefe del Tabernáculo

24° grado: Príncipe del Tabernáculo

25° grado: Caballero de la Serpiente de Bronce

26° grado: Escocés Trinitario o Príncipe de la Merced

27° grado: Gran Comendador del Templo

28° grado: Caballero del Sol

29° grado: Gran Escocés de San Andrés

30° grado: Caballero Kadosh

31° grado: Gran Inspector Inquisidor Comendador

32° grado: Sublime Príncipe del Real Secreto

33° grado: Soberano Gran Inspector General

Los Cuerpos organizados que constituyen la jurisdicción de un Supremo Consejo son los siguientes:

- Las Logias de Perfección, que trabajan de los grados 4º al 14º.
- Los Capítulos de Caballeros Rosa-Cruz, que trabajan de los grados 15º al 18º.
- Los Areópagos o Consejos de Caballeros Kadosch, que trabajan de los grados 19º al 30º.
- Los Tribunales, que trabajan en el 31º grado.
- Los Consistorios, que trabajan en el 32º grado.
- El Consejo Supremo de los Soberanos Grandes Inspectores Generales del 33º grado.

Todos estos Cuerpos mencionados son independientes entre sí, teniendo una organización y jerarquía interna que viene recogida en los correspondientes Reglamentos Generales del Supremo Consejo.

Los trabajos de los distintos Cuerpos se realizarán en conformidad con el espíritu del Rito Escocés Antiguo y Aceptado, respetando siempre sus principios e ideales.

Lo más importante es que los Trabajos de los diversos grados filosóficos, aporten a los Hermanos que los realizan los elementos simbólicos de reflexión y de meditación que les permitan beneficiarse del método tradicional e iniciático de acceso al Conocimiento.

En cada grado, se resalta la importancia de la tradición del mismo, su historia, su contenido iniciático, su esoterismo, su simbolismo y la finalidad de su enseñanza; esta es en unos casos la búsqueda del Conocimiento, mientras que en otros se estudian los valores espirituales que elevan y ennoblecen al hombre. En otros grados, la enseñanza se basa en la filosofía de los sentimientos y de la acción, así como en la reflexión del compromiso personal.

El Ritual siempre deberá ser observado y puesto en práctica con el mayor rigor posible, y de acuerdo con la Declaración de Principios está totalmente prohibida toda discusión de carácter político o religioso.

Un Supremo Consejo tiene prohibida toda injerencia en la legislación y administración de una Gran Logia, la cual está constituida para organizar, gobernar y administrar las denominadas logias azules o simbólicas. (Grados de Aprendiz, Compañero y Maestro del REAA).

Sin embargo, un Supremo Consejo también tiene la importante y delicada misión de ser el conservador y guardián del rito. Una de sus funciones más importantes es la de velar para que todos rituales de los grados del REAA se practiquen y ejecuten con estricto rigor y perfección, ya que esos rituales son los vehículos del *corpus* simbólico y legendario del rito y lo que da a cada iniciación su valor espiritual.

En este sentido, un Supremo Consejo que trabaja dentro de la denominada *Regularidad Masónica*, debe de hacerlo siempre dentro de la corriente espiritualista y tradicional de la Orden, ya que es precisamente esta forma de trabajar lo que le da sentido y razón de ser al Rito Escocés Antiguo y Aceptado como Orden iniciática. Un Supremo Consejo debe salvaguardar, sobre todo, los valores espirituales del rito.

El pensamiento trascendente del rito y su base doctrinal se basa en los Reglamentos y Constituciones de Burdeos de 1762, así como en las Grandes Constituciones del grado 33, llamadas de Berlín de 1786, y que fueron revisadas el 22 de septiembre de 1875 por el Convento Universal de Supremos Consejos de Lausana. Ahí están recogidos todos los principios, conocidos también con el nombre de *Landmarks*, los cuales son intangibles y manifiestan la esencia y el alma del Rito Escocés Antiguo y Aceptado.

La búsqueda y la marcha iniciática de todo masón escocés tiene un carácter esotérico y una dimensión universal. Se trata, fundamentalmente, de la búsqueda de lo Absoluto, la cual debe ser realizada de un modo individual y desde la más absoluta libertad; por esta razón esa búsqueda no puede estar sometida a ninguna limitación ni determinación dogmática.

El camino iniciático consiste, en esencia, en una búsqueda espiritual que se basa en la proclamación por el Rito Escocés Antiguo y Aceptado de un Principio Superior o Creador al que se denomina Gran Arquitecto del Universo, concepto que, al igual que sucede con el resto de los símbolos, todo masón tiene el derecho y el deber de interpretar según su propia conciencia.

Todo masón escocés que trabaje en los grados filosóficos, está obligado a velar por la protección y la conservación del Ritual en el que trabaja, respetando los valores fundamentales y las fuentes auténticas del rito. También debe de participar activamente en las ceremonias de cada grado, de modo que pueda vivir de un modo íntimo, personal e intenso cada etapa de su trayectoria iniciática.

La denominada vía iniciática es un lento proceso de construcción personal y colectivo, en el que se debe asimilar de un modo progresivo las enseñanzas de cada grado del rito. Este proceso iniciático debe de estar organizado de un modo gradual, teniendo un ritmo y duración apropiados, donde cada etapa iniciática conlleva una iniciación específica.

Todo Supremo Consejo regularmente establecido trabaja *A la Gloria del Gran Arquitecto del Universo*. Siendo su divisa *Deus Meumque Jus, o* "Dios y mi derecho", y su lema *Ordo Ab Chao, o* "Orden desde el caos". Así se decidió y así lo recoge la Resolución adoptada por la convención de Supremos Consejos del Rito Escocés Antiguo y Aceptado, que tuvo lugar en París en el mes de septiembre de 1996 donde, por acuerdo unánime, se adoptaron los principios y criterios de regularidad que fijan la especificidad del Rito Escocés Antiguo y Aceptado:

- La invocación y la glorificación del Gran Arquitecto del Universo.
- La presencia del Volumen de la Ley Sagrada, abierto sobre el altar de los juramentos, siendo dicho volumen la Biblia, por su relación con los rituales.

- La referencia a los textos fundacionales (Constituciones y Reglamentos de 1762 y Grandes Constituciones de 1786), tal como han sido adoptadas por todos los Supremos Consejos del mundo.
- El respeto a la proyección iniciática.

Constituciones de Anderson: Antiguas Leyes Fundamentales

Las Constituciones de Anderson del año 1723, son la culminación del proceso de transformación de la Masonería operativa, de los constructores de las catedrales a la masonería especulativa. A partir de las Constituciones, el edificio a construir será un templo cósmico, no una catedral de piedra. La Masonería pasa de ser una organización gremial de constructores y comienza a integrar humanistas y personas inquietas que van a luchar contra la superstición y la ignorancia. Los masones de todo el mundo tienen este texto como un referente incuestionable. Por todo ello reproducimos aquí esta carta fundacional.

Constituciones de Anderson

I.- LO QUE SE REFIERE A DIOS Y A LA RELIGIÓN. El masón está obligado, por vocación, a practicar la moral, y si comprende sus deberes nunca se convertirá en un estúpido ateo ni en un hombre inmoral. Aun cuando en los tiempos antiguos los masones estaban obligados a practicar la religión que se observaba en los países donde habitaban, hoy se ha creído más oportuno, no imponer otra religión que aquella en que todos los hombres están de acuerdo, y dejarles completa libertad respecto a sus opiniones personales. Esta religión consiste en ser hombres buenos y leales, es decir, hombres de honor y de probidad, cualquiera que sea la diferencia de sus nombres o de sus convicciones. De este modo la Masonería se convertirá en un centro de unidad y es el medio de establecer relaciones amistosas entre gentes que, fuera de ella, hubieran permanecido separados entre sí.

II.- DE LA AUTORIDAD CIVIL, SUPERIOR E INFERIOR. El masón debe ser una persona tranquila, sometida a las leyes del país donde esté establecido y no debe tomar parte ni dejarse arrastrar en los motines o conspiraciones fraguadas contra la paz y contra la prosperidad del pueblo, ni mostrarse rebelde a la autoridad, porque la guerra, la efusión de la sangre y los trastornos, han sido siempre funestos para la Masonería. Así es que en la antigüedad, los reyes y los príncipes se mostraron muy bien dispuestos para con la sociedad, por la sumisión y la fidelidad de que los masones dieron constantemente pruebas en el cumplimiento de sus deberes de ciudadano y en su firmeza para oponer su conducta digna a las calumnias y acusaciones de sus adversarios; esos mismos reyes y príncipes no desdeñaron proteger a los miembros de la corporación y defender el honor de la misma, que siempre prosperó en los tiempos de paz. Siguiendo esas doctrinas, si algún Hermano se convertía en perturbador del orden público, ninguno debía ayudarle en la realización de sus propósitos y por el contrario, debía ser comparecido como un ser desgraciado. Pero por este solo hecho y aun cuando la cofradía condenase su rebelión para evitarse el dar al gobierno motivo alguno de sospecha o de descontento, siempre que el rebelde no pudiese ser censurado de otro crimen, no podía ser excluido de la Logia, permaneciendo inviolables sus relaciones con esta Logia y los derechos de que como masón gozaba.

III.-DE LAS LOGIAS. La Logia es el lugar donde los masones se reúnen para trabajar, y por extensión se da este nombre a toda asamblea de masones constituida; todos los hermanos deben formar parte de una Logia y someterse a sus reglamentos particulares y a las ordenanzas generales. Las Logias son particulares o Generales, y el mejor medio de distinguirlas en estos dos distintos caracteres es visitarlas y estudiar los actuales reglamentos de las Logias Generales o Grandes Logias. Antiguamente los Maestros y los miembros de éstas Logias no podían ausentarse ni dejar de asistir a sus sesiones cuando eran invitados, sin incurrir en un castigo severo, a menos que hicieren conocer a los Maestros y a los Inspectores las causas que les habían impedido cumplir con este deber. Las personas que querían ser admitidas en calidad de miembros de las Logias debían ser hombres buenos y leales, libres de nacimiento, de edad madura y razonable y de buena reputación; estaba prohibido admitir en la Masonería esclavos, mujeres y hombres inmorales, cuya conducta fuera motivo de escándalo.

IV.- DE LOS MAESTROS, INSPECTORES, COMPAÑEROS Y APRENDICES. Entre los masones, las preferencias no pueden fundarse exclusivamente en el verdadero mérito personal. Se debe cuidar con especial atención que los propietarios que disponen las construcciones, sean servidos a su completa satisfacción. Debe procurarse que los Hermanos no tengan por qué avergonzarse de sus obras, de que la Real Asociación no pierda la consideración de que goza. Por esta razón, los maestros e inspectores deben ser elegidos teniendo en cuenta, más que su edad, sus méritos personales. Es imposible tratar todas estas cosas por escrito. Cada Hermano debe estar en su lugar y aprender estos principios según el método adoptado en cada cofradía; debe, sin embargo, tenerse en cuenta por los aspirantes que ningún Maestro puede aceptar un Aprendiz si este no le presenta suficientes obras, si no es un joven perfecto, sin deformidad física alguna y sin defecto que le haga incapaz de instruirse en su arte, de servir a su Maestro y de llegar a ser a su vez un Hermano y Maestro, cuando haya transcurrido el tiempo de su aprendizaje. Debe ser también hijo de padres honrados, para que si posee otras cualidades, pueda llegar a obtener el puesto de Inspector, de Maestro de una Logia, de Gran Inspector y de Gran Maestro de todas las Logias, según su mérito y virtudes. Los Inspectores han de ser miembros de la corporación y los Maestros han debido desempeñar antes el cargo de Inspector. Los Grandes Inspectores han de haber sido Maestros de Logia, y en fin, para ocupar el puesto de Gran Maestro ha de poseerse el carácter perfecto de Masón. El Gran Maestro debe ser noble de nacimiento o bien ocupar una posición excepcional, de una educación perfecta, o bien un sabio distinguido, un arquitecto hábil, un hábil hijo de padres honrados; además, las Logias deben reconocer en él un mérito real, y para que pueda llenar los deberes de su cargo de un modo más perfecto, se le autoriza para designar y nombrar un diputado que debe ser o haber sido Maestro de una Logia Particular. El Diputado Gran Maestro tiene el deber de realizar todos los actos que son de la competencia del Gran Maestro, su superior, en las ausencias de este o por su delegado. Todos los Hermanos están obligados a prestar obediencia a todas estas ordenanzas y a todos los Gobernantes superiores y subalternos de la Antigua Logia, en sus diversos empleos, con arreglo a las antiguas leyes y reglamentos, y ejecutar las órdenes con respeto, afecto y actividad.

V.- DEL REGLAMENTO DE LA CORPORACIÓN DURANTE EL TRABAJO. Durante los días laborables, todos los masones deben trabajar lealmente para que puedan disfrutar mejor del día de fiesta. El Compañero de más conocimientos y experiencia debe ser elegido en calidad de Maestro o Superintendente de los trabajos de construcción dispuestos por el propietario, y los que trabajan bajo sus órdenes deben llamarle Maestro. Los Compañeros deben evitar toda inconveniencia deshonesta y el darse nombres poco decentes; se titularán mutuamente Hermanos o Compañeros y se conducirán cortésmente, tanto dentro como fuera de la Logia. El Maestro debe emprender los trabajos del propietario en las condiciones más justas y equitativas, y emplear lo que a este pertenezca, como si se tratase de sus propios bienes, sin dar a cada Aprendiz o Compañero más salario que el que realmente merezca. Maestros y masones, todos deben ser fieles al propietario que los ocupe y les pague religiosamente su salario, y ejecutar sus trabajos a conciencia, ya se trabaje a jornal o a destajo. Ningún Hermano debe mostrarse celoso de la prosperidad de otro, ni atormentarlo o procurar separarlo de su trabajo cuando sea capaz de ejecutarlo, porque ninguno puede terminar un trabajo empezado por otro en condiciones tan ventajosas como el que lo empezó, al no poseer un conocimiento profundo de los planos y dibujos de la construcción. Si un Inspector de los Trabajos se elige entre los Compañeros, debe ser fiel al Maestro y a los Compañeros; en ausencia del Maestro, velará cuidadosamente, en interés del propietario, por la buena ejecución de los Trabajos, y sus Hermanos deben obedecerle. Todos los masones recibirán su salario con reconocimiento, sin murmuraciones ni observaciones y no abandonarán a su Maestro hasta que la obra termine. Debe enseñarse la obra a los Hermanos jóvenes, para que aprendan a emplear bien los materiales y para que por medio de esta fraternal enseñanza se consolide entre ellos la más estrecha amistad. Todos los útiles empleados para los trabajos deben ser aprobados por la Gran Logia. En los trabajos exclusivos de la Masonería no debe emplearse ningún jornalero y los mismos Maestros, no deben trabajar sino con sus Compañeros, a no ser que a ello obligue una apremiante necesidad. Tampoco podrán comunicarse sus enseñanzas a los obreros que no pertenezcan a la Sociedad.

VI.- DE LA CONDUCTA. En la Logia Organizada no se debe instruir comisión particular alguna, ni entablar negociación sin haber obtenido la autorización del Maestro. No debe tratarse ninguna cuestión inoportuna o inconveniente ni interrumpir la palabra del Maestro o de los Inspectores o de cualquier hermano que sostenga diálogo con el Maestro. Tampoco deben emplearse frases jocosas mientras la Logia se ocupe de asuntos serios, ni usar en caso alguno lenguaje poco honesto, y en todas las ocasiones debe darse al Maestro, a los Inspectores y Compañeros, el término del respeto que merecen y que todos les deben. Si se presenta una queja contra un Hermano, el culpable debe someterse al juicio y a la decisión de la Logia, que es el tribunal real, a menos que corresponda su conocimiento a la Gran Logia. En tales casos debe cuidarse de que no interrumpan por estas causas los trabajos del propietario, y si llegase a ocurrir una suspensión forzosa, debe tomarse una decisión con arreglo a las circunstancias. Tampoco debe recurrirse a los tribunales de justicia para ventilar asuntos de la Masonería, a no ser que la Gran Logia reconozca y declare ser de indispensable necesidad. Conducta que debe observarse cuando la Logia esté cerrada, pero estando aún reunidos los Hermanos. Los Hermanos pueden dedicarse a placeres inocentes y regulares, según los medios de cada cual, pero procurando evitar los excesos de todo género, sobre todo en la mesa. También deben abstenerse de decir y de hacer cosa alguna que pudiere herir o romper la buena armonía que entre todos debe reinar siempre; por esta razón, no deben llevarse a estas reuniones odios privados sin motivo alguno de discordia, y sobre todo deben evitarse en absoluto las discusiones sobre religión y política o sobre nacionalidad, puesto que los masones, como antes hemos dicho, no profesan otra religión que la universal, y pertenecen a todos los pueblos y a todas las lenguas, y son enemigos de toda empresa contra el gobierno constituido. La falta de observancia de estos preceptos, ha sido y será siempre funesta para la prosperidad de las Logias. En todo tiempo, la observancia de este artículo del reglamento se ha impuesto con gran severidad, y más especialmente después de la reforma de la Iglesia anglicana, cuando el pueblo inglés se retiró y separó de la comunidad de la Iglesia Romana. En lo que respecta a las Reglas de conducta, cuando los Hermanos se encuentran fuera de la Logia y sin la presencia de extraños: los Hermanos deben saludarse amistosamente, y según está dispuesto, darse el nombre de

Hermanos, comunicarse recíprocamente las noticias que puedan serles útiles, teniendo cuidado de no ser observados ni oídos. Deben evitar toda pretensión de elevarse sobre los demás y dar a cada uno la manifestación de respeto que se otorgarían a cualquiera que no fuese masón; porque aún cuando todos los masones en calidad de Hermanos están en la misma altura, la Masonería no despoja a nadie de los honores de que goza antes de ser masón. Antes por el contrario, aumenta estos honores, principalmente cuando se ha merecido por el bien de la cofradía, que debe honrar a aquellos que son acreedores y anatematizar las malas costumbres. En cuanto a la conducta que debe observarse delante de los que no son masones, deben estos ser circunspectos en las palabras y sus obras, a fin de que los extraños, aún los más observadores, no puedan descubrir lo que no es oportuno que aprendan. Algunas veces debe aprovecharse el giro que toma la conversación, para hacer recaer esta en la Cofradía, y hacer con tal motivo su elogio. En cuanto a las reglas de conducta que deben observarse por los masones en su propia casa y entre sus vecinos, los masones deben conducirse como conviene a hombres prudentes y morales, y no ocuparse de los asuntos de la Logia con la familia, con los vecinos o con los amigos. No deben perder de vista, en ningún caso, que el honor propio y el de la Cofradía están unidos; esto, por razones que no podemos exponer aquí, no debe descuidarse los propios intereses, permaneciendo ausente de su casa después de las horas de la Logia. Evítense igualmente la embriaguez y las malas costumbres, para que no se vean abandonadas las propias familias, ni privadas de aquello que tienen derecho a esperar de los masones, y para que estos no se vean imposibilitados para el trabajo. En cuanto a la conducta que debe observarse con un Hermano extranjero, es preciso preguntarle con precaución y del modo que la prudencia os aconseje, a fin de evitar el que, bajo falsas apariencias, seáis engañados. En ese caso, rechazadle con desprecio y tened cuidado de no hacer ningún signo de reconocimiento. Pero si descubrís que es un verdadero Hermano, debéis tratarlo como tal, y si tiene necesidad, debéis procurarle socorro o indicarle los medios de obtener esos socorros. Debe procurársele algunos días de trabajo, para que pueda instalarse; de todos modos no estáis obligados a hacer por él más de lo que vuestros recursos os permitan, debiendo tan solo preferir a un hermano pobre que sea un hombre honrado, a otra cualquiera persona que se encuentre en iguales condiciones. En fin, debéis conformaros a todas estas prescripciones, así como a cuantas se os comuniquen por otro conducto. Debéis practicar la caridad fraternal, que es la piedra fundamental la llave, el cimiento y la gloria de nuestra Cofradía. Debéis evitar toda querella, toda discor dia, todo propósito calumnioso, toda maledicencia. No permitáis que en vuestra presencia se ataque la reputación de un Hermano respetable; en tal caso, defendedlo para prestarle este servicio en tanto que lo permitan vuestro honor y vuestros intereses, y si algún hermano os perjudica de cualquier modo, debéis llevar vuestra queja a vuestra Logia o a la de dicho Hermano, apelando si es preciso a la Gran Logia en la asamblea trimestral, y en último término a la asamblea anual, según la buena y antigua costumbre observada por nuestros antepasados en todos los países. No debéis intentar proceso alguno, a menos que el caso no pueda resolverse de otra forma, y debéis acoger con deferencia los consejos amistosos del Maestro y de vuestros compañeros, si tratan de evitaros que comparezcáis en juicio delante de extraños. En todo caso, debéis procurar presentar todos los medios para facilitar la acción de la justicia, a fin de que podáis ocuparos con toda tranquilidad de los asuntos de la Cofradía. En cuanto a los Hermanos y Compañeros que tengan entre sí algunas diferencias, los Maestros y los Hermanos pedirán consejo a los Hermanos que conozcan el derecho, para proponer un arreglo amistoso, que las partes en litigio aceptarán con reconocimiento. Si estos medios produjeran resalto, se aceptará sin demora el entrar en el pleito, pero reprimiendo toda animosidad, toda cólera, absteniéndose de hacer o de decir cosa alguna que pueda lastimar la caridad fraternal o interrumpir la reciprocidad de las buenas relaciones, con objeto de que todos sientan la influencia bienhechora de la Masonería. De este modo han obrado siempre, desde el principio del mundo, todos los buenos y fieles masones y así obrarán los que nos sucedan en lo porvenir.

Anexo I: Glosario

— **Acacia:** El árbol de acacia es uno de los grandes símbolos masónicos. Su madera es incorruptible y viene a significar lo perenne. La madera de este árbol ha sido la preferida para la elaboración de objetos sagrados como el Arca de la Alianza.

— **Aclamación:** Son las expresiones ritualisticas que al unísono dicen los miembros de una logia, puestos en pie. La exclamación más habitual es: *"¡Houzze! ¡Houzze! ¡Houzze! ¡Libertad, Igualdad, Fraternidad!"*.

— **Ágape:** Banquete que forma parte del Ritual y que se celebra después de terminar los Trabajos en el templo.

— **Anderson, James (1679-1739):** Pastor de la Iglesia presbiteriana escocesa. Elabora las llamadas *Constituciones de Anderson,* que recoge los principios de la Masonería.

— **Apertura de Trabajos:** Es la parte del Ritual que recoge el comienzo de los Trabajos y el tránsito del mundo profano al mundo sagrado.

— **Aplomador:** Son los tres Maestros Masones que, sin saberlo entre ellos, entrevistan a los profanos que desean ser iniciados en la Masonería.

— **Aprendiz:** Es el primer grado de la Masonería.

— **Aumento de Salario:** Cuando un hermano sube a un grado superior se habla de "Aumento de Salario".

— **Balotaje:** Es el sistema de votación en la logia, cuando se efectúa de forma secreta. Se hace con bolas blancas y negras.

— **Boaz:** Nombre de una de las columnas de entrada al templo. Significa "establecer".

— **Bóveda de acero:** Los Hermanos cruzan las espadas en alto formando una bóveda, en señal de respeto, cuando un alto dignatario visita la Logia.

— **Bóveda celeste:** El techo del templo reproduce el cielo, el universo, normalmente está pintado de color azul y se decora con las constelaciones.

— **Cadena de unión:** Es la que forman todos los miembros de la Logia, de pie, cogiéndose de las manos. Simboliza la unión, solidaridad y fuerza de todos los hermanos que se han convertido en el eslabón de una cadena que nos une al universo.

— **Collar:** Es la banda de tela que llevan los Oficiales de la logia; rodea el cuello y acaba en ángulo recto hacia el vientre.

— **Columnas:** Es uno de los elementos más importantes en el simbolismo masónico. La columna une lo que está abajo con lo que está arriba, conecta el cielo y la tierra, lo material con lo espiritual. Las columnas a la puerta del templo se llaman Jakin y Boaz.

— **Compañero:** Es el segundo grado de la Masonería. Es un grado de estudio y razonamiento.

— **Compás:** Es uno de los símbolos fundamentales de la Masonería. En la Edad Media es usual representar a Dios con un compás como un arquitecto que diseña el mundo.

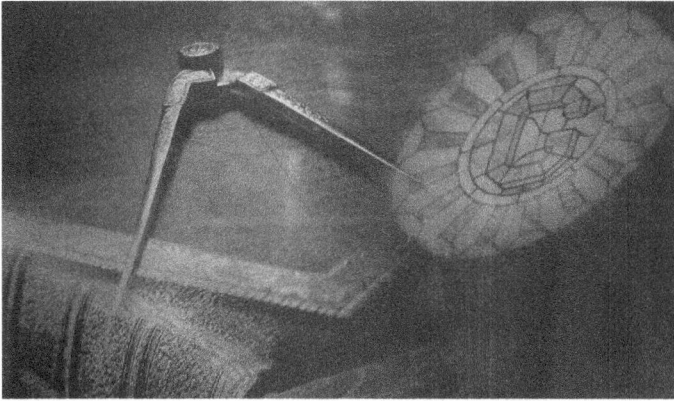

El compás, uno de los símbolos más importantes de la Masonería.

— **Constituciones de Anderson:** Carta fundacional de la Masonería moderna o especulativa. A partir de las Constituciones, el edificio a construir no será ya una catedral de piedra; el objetivo es la perfección del género humano.

— **Cuerda de nudos:** En la construcción se utiliza para establecer medidas y proporciones. simboliza la unión y solidaridad entre los masones.

— **Delta:** Representa el Gran Arquitecto del Universo. Tiene la forma de un triángulo equilátero situado en el oriente, detrás del Venerable.

— **Dormir:** Los masones que dejan la logia en el ejercicio de su libertad se consideran "durmientes". La iniciación imprime carácter, y si el durmiente se reintegra en algún momento a la logia no es iniciado de nuevo.

— **Edad masónica:** El Aprendiz tiene 3 años, el Compañero tiene 5 años y el Maestro tiene 7 años. Preguntarle la edad a un masón significa preguntarle por su edad masónica.

— **Escuadra:** Herramienta de gran simbolismo en la Masonería. El ángulo recto remite a la rectitud moral. Está representada en la joya del Venerable, quien debe ser el obrero más recto y más justo.

— **Espada:** Asociada a la Caballería, viene a representar el poder que debe ser usado para defender el bien y la justicia. Es usada en las ceremonias masónicas y simboliza el poder.

— **Espada flamígera:** La espada flamígera tiene la hoja de forma ondulante. Es usada por el Venerable y viene a significar el poder espiritual.

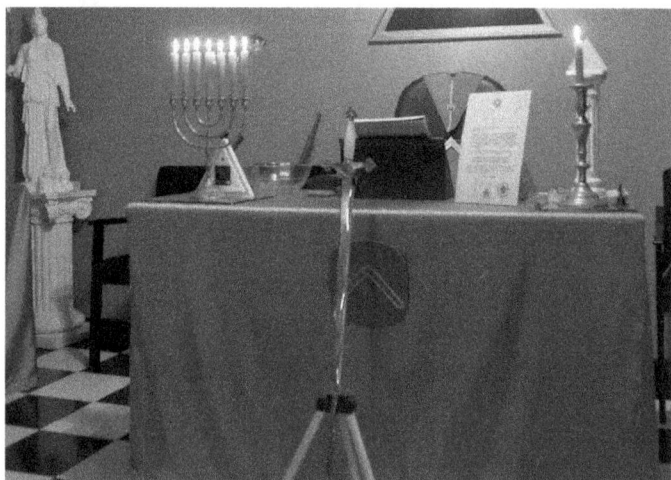

La espada flamígera frente al sitial del Venerable.

— **Estrella flamígera:** Es una estrella de cinco puntas, uno de los símbolos asociados al Compañero. Representa al ser humano como microcosmos, como parte de una totalidad.

— **Experto:** Ocupa el cuarto puesto entre los Oficiales de la logia, por detrás del segundo Vigilante. Es el encargado de preparar la ceremonia, y de que todos los decorados y herramientas estén en su sitio. Es el responsable de que toda la ceremonia se desarrolle de acuerdo al rito.

— **Fraternidad:** En la Masonería la fraternidad es un valor fundamental entre sus miembros, que se proyecta en el amor al género humano.

— **G, letra:** Es la letra sagrada de la Masonería por excelencia.

— **Geometría:** La geometría tiene gran importancia en la Masonería, se interpreta como la medida de la Tierra, la ciencia que va a permitir desentrañar los secretos de la creación.

— **Grado:** Los grados son las etapas sucesivas que conducen desde la iniciación hasta la perfección espiritual.

— **Gran Logia:** Es una unión organizada de logias.

— **Guantes:** Todos los hermanos llevan guantes en las ceremonias. Solo se quitan para prestar juramentos o para hacer la cadena de unión.

— **Guarda-Templo:** Es el oficial de la logia que, armado de una espada está en la puerta velando por la seguridad de las reuniones.

— **Hermano:** Es el apelativo con el que los masones se dan entre sí.

— **Herramienta:** La masonería moderna u operativa tiene mucho simbolismo relacionado con los antiguos constructores de catedrales.

— **Hiram:** La leyenda de la muerte de Hiram es clave en los trabajos masónicos. Cuando faltaba poco para terminar el templo de Salomón, unos malos obreros, por la fuerza, intentan obtener de Hiram, arquitecto de las obras, los secretos de la maestría. Al negarse Hiram a comunicárselo, es asesinado.

— **Hospitalario:** Oficial de la logia que ayuda anímica o materialmente, según la disponibilidad de fondos, a los hermanos o profanos que lo necesiten.

— **Igualdad:** Vinculado a la dignidad humana de todos los hombres, junto con Libertad y la Fraternidad, forma parte del lema masónico.

— **Iniciación:** Ceremonia de ingreso en la orden masónica.

— **Insignias:** Las insignias masónicas sirven para diferenciar a los masones de cada grado o rito.

— **Instrucción:** Es el aprendizaje y comprensión de los símbolos y rituales para la construcción de nuestro templo interior de Verdad y Virtud, y poder así construir nuestro Templo Universal.

— **Irradiación:** Es la sanción masónica más severa. Es la expulsión de un hermano de la Masonería por su conducta indigna.

— **Jakin:** Nombre de una de las columnas de entrada al templo. Significa "fuerza, firmeza".

— **Joya:** Signo distintivo de cada cargo.

— **Juramento:** Es el compromiso del masón, solemne y sagrado, y supone una responsabilidad en el cumplimiento de las responsabilidades.

— **Justa y perfecta:** Se emplea esta expresión para indicar que la logia está formada como mínimo por siete hermanos.

— **Landmarks:** Son las reglas de conductas o principios masónicos.

— **Libertad:** Principio del lema masónico que encuentra su límite en la libertad de los otros.

— **Libro de la Ley Sagrada:** Representa la Tradición. Puede ser cualquiera de los libros sagrados: Biblia, Corán, Vedas, Upanishads, etc.

Escuadra, Compás y Libro de la Ley Sagrada.

— **Logia:** Es el lugar donde los masones celebran sus tenidas. Es también el conjunto de hermanos que constituye la logia.

Una Logia masónica.

— **Luces:** Son las velas o luces que iluminan el templo.

— **Luz:** Simboliza la Verdad, el conocimiento, frente a las tinieblas, la oscuridad, la superstición y la ignorancia.

— **Maestro:** Es el último grado de la Masonería simbólica o azul.

— **Maestro de Banquetes:** Es el Oficial de la logia encargado de preparar los ágapes.

— **Maestro de Ceremonias:** Es el Oficial de la logia responsable de dirigir la ritualidad de la reunión.

— **Mallete:** Pequeño martillo de madera que sirve para dirigir y pautar la ceremonia.

El Mallete masónico.

— **Mandil:** Es la indumentaria más característica de la Masonería. Se trata de un pequeño delantal rectangular cuya decoración varía según el grado.

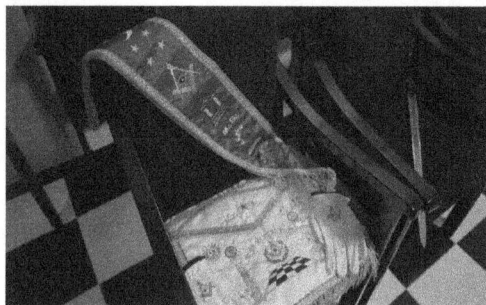

Collar, Mandil y Guantes masónicos.

— **Mazo:** Es símbolo del Aprendiz y del Compañero. Representa la fuerza para desbastar las ideas y el conocimiento y llegar a la Verdad.

— **Metal:** Representa la riqueza fatua del mundo material.

— **Neófito:** Son los Hermanos que se están iniciando en ese momento. Significa recién nacido.

— **Nivel:** Alude a la igualdad entre los seres humanos. Es la joya del Primer Vigilante.

— **Nombre simbólico:** Es frecuente en la iniciación, como nuevo nacimiento, adoptar un nuevo nombre que hace referencia a un personaje histórico o literario de grandes valores y virtudes.

— **Occidente:** El sol se oculta por Occidente, el oeste. Es el lugar donde muere el sol y ahí se sitúa la puerta de entrada al templo. Simboliza la oscuridad frente a la luz.

— **Oficial:** Miembros de la logia que tienen cargos o responsabilidades dentro de la misma.

— **Orador:** Es uno de los Oficiales de la logia. Se sienta en el Oriente a la izquierda del Venerable Maestro. Es el responsable de que se cumplan los usos y costumbres de la Orden.

— **Oriente:** Es el punto cardinal por donde sale el sol y, en consecuencia, el sitio origen de la luz espiritual.

— **Oriente eterno:** Es el sitio donde están los hermanos masones fallecidos. *Pasar al Oriente Eterno* es haber fallecido.

— **Palanca:** Herramienta de trabajo. Arquímedes dijo: *"Dadme un punto de apoyo y moveré el mundo"*. La palanca permite superar los obstáculos que nos encontramos en la vida.

— **Pasos perdidos:** Es la sala antes de entrar en el templo, donde esperan los Hermanos.

— **Pavimento:** Es el suelo ajedrezado del templo, formado por baldosas blancas y negras. Simboliza la dualidad del mundo que conocemos.

El pavimento ajedrezado.

— **Perfección:** Es la gran aspiración de todo masón. Está simbolizada por el círculo.

— **Piedra:** En Masonería simboliza el material sobre el que se trabaja para construir el templo espiritual.

— **Piedra bruta:** Simboliza el alma del profano antes de ser iniciado. El estado primigenio.

— **Piedra cúbica:** Es una piedra de seis caras y simboliza el conocimiento alcanzado por el trabajo.

— **Plancha:** Es el nombre que se da a los documentos, textos y trabajos que escriben los hermanos y que son leídos en las Tenidas.

— **Plomada:** Es el distintivo del Segundo Vigilante. Significa la rectitud y la justicia.

— **Profano:** Es quien no está iniciado en la Masonería.

— **Regla:** Herramienta para el trabajo masónico. Simboliza la rectitud.

— **Rito:** Es la dramatización que se hace en los trabajos masónicos. El rito es el símbolo en acción.

— **Ritual:** Es la pormenorización de la ceremonia.

— **Saco de Proposiciones:** Es una bolsa que circula en el templo para que cualquier hermano pueda introducir una proposición o propuesta.

— **Secretario:** Oficial de la logia. La joya del secretario son dos plumas entrelazadas. Es la memoria de la logia.

Sitial del Hermano Secretario.

— **Taller:** Es el sitio donde se celebran las Tenidas y el grupo de hermanos que integra una logia.

— **Templo:** Es la sala donde se celebran las ceremonias masónicas. El trabajo de la Masonería tiene como objetivo la construcción de un templo Cósmico o Universal, a modo de Jerusalén Celeste.

— **Tenida:** Es la reunión o asamblea de todos los miembros de una logia.

— **Tolerancia:** Es respetar la diferencia. Un principio básico de la Masonería.

— **Triángulo:** Es una reunión formada por tres Hermanos como mínimo.

— **Tronco de la Viuda:** Es la bolsa que circula entre los hermanos durante la ceremonia para que depositen dinero destinado a la beneficencia.

— **Valle:** Es el lugar donde está situada una logia. "Los valles de Tenerife".

— **Venerable Maestro:** Es el presidente de la logia.

Sitial del Venerable Maestro.

— **Vigilantes:** El Primer Vigilante y el Segundo Vigilante son los Oficiales que ayudan al Venerable a mantener la disciplina de los Trabajos.

— **Virtudes:** Son la Sabiduría, la Fuerza y la Belleza representadas por tres pequeñas columnas situadas en el centro de la logia y que se llaman "las tres luces".

Las tres luces.

— **Viuda:** "Hijo de la Viuda" es sinónimo de masón.

Anexo II: Masones que han pasado a la historia

Vamos a mencionar aquí a algunos masones que han pasado a la historia, han sido famosos o ilustres en el mundo profano. La lista sería muy extensa, y hemos escogido quienes nos han parecido más representativos.

No queremos decir, de ninguna manera, que la razón de su fama haya sido la pertenencia a la Masonería. Al contrario, han sido sus actos, sus méritos o sus obras lo que les ha hecho famosos, aunque tal vez la fuerza y la implicación con los demás, que la Orden masónica lleva en su esencia, haya contribuido a su éxito profano.

Queremos reflejar la variedad y diversidad de estos hermanos, tanto en su ámbito del conocimiento, como la distinta época histórica en la que han vivido:

- **Alexander Fleming** (1881-1955). Científico británico famoso por ser el primero en observar los efectos antibióticos de la penicilina, obtenida a partir del hongo *Penicillium notatum*. Premio Nobel en 1945. Sus descubrimientos han salvado millones de vidas.
- **Buzz Aldrin** (1930). Astronauta estadounidense de la NASA. Fue la segunda persona en pisar la Luna en la legendaria misión del Apolo 11. En 1970 se rebautizó en su honor un cráter lunar que pasó a llamarse Aldrin.
- **"Duke" Ellington** (1899-1974) compositor y pianista. Referente en la historia del jazz, su carrera musical

duró más de cincuenta años. Escribió más de mil composiciones.

- **François-Marie Arouet** (1694-1778). Más conocido como Voltaire. Escritor, historiador y filósofo francés. Uno de los representantes de la Ilustración.
- **Johann Wolfgang Von Goethe**. (1749-1832). Poeta, novelista, dramaturgo y científico alemán, contribuyente fundamental del Romanticismo, movimiento al que influyó profundamente.
- **Rabindranath Tagore**, (1861-1941). Nacido en la India, fue poeta, artista, dramaturgo, músico, novelista y autor de canciones. Premio Nobel de Literatura en 1913, convirtiéndose así en el primer laureado no europeo en obtener este reconocimiento.
- **Rubén Darío** (1867-1916). Fue un poeta, periodista y diplomático nicaragüense, máximo representante del Modernismo literario en lengua española.
- **Salvador Allende** (1908-1973). Médico cirujano y político socialista chileno, presidente de Chile. Se convirtió en el primer presidente marxista del mundo en acceder al poder a través de elecciones generales en un Estado de derecho.
- **Simón Bolívar** (1783-1830). Militar y político venezolano, fundador de las repúblicas de la Gran Colombia y Bolivia. Una de las figuras más destacadas de la emancipación hispanoamericana frente al Imperio español.
- **Wolfgang Amadeus Mozart** (1756-1791). Uno de los más grande compositores de todos los tiempos. Compuso varias obras con simbología masónica como *La flauta mágica*.

- **Walter Elias "Walt" Disney** (1901-1966). Productor, director y guionista estadounidense. Impulsor de los dibujos animados.
- **Winston Churchill**. (1874-1965). Político, estadista y escritor británico, conocido por su liderazgo del Reino Unido durante la Segunda Guerra Mundial. Es considerado uno de los grandes líderes de los tiempos de guerra y fue primer ministro del Reino Unido en dos períodos.

Algunos Hermanos masones han obtenido el Premio Nobel de la Paz:

- **Alfred Fried**. Premio Nobel de la Paz en 1911. Escritor y pacifista austriaco. Fundó la revista "Abajo las Armas". Luchó incansablemente por el desarme mundial y la guerra por todos los medios a su alcance. Publicó numerosas obras pacifistas.
- **Elie Ducommun**. Premio Nobel de la Paz de 1902. Periodista y profesor suizo. Dirigió la Oficina Internacional de la Paz en Berna. Miembro fundador en Ginebra, en 1867, de la Liga Internacional para la Paz y la Libertad. Falleció en 1906.
- **Gustav Stresemann**. Premio Nobel de la Paz en 1926. Ministro de Exteriores y Canciller en Alemania. Abogó por el acercamiento entre Francia y Alemania y por la revisión del Tratado de Versalles, en el intento de estabilizar la situación en la posguerra europea
- **Henri Lafontaine**. Premio Nobel de la Paz en 1913. Profesor de Derecho en Bruselas, vicepresidente del Senado y miembro de la Oficina Internacional de la

Paz en Berna. Cofundador de la organización pacifista Instituto Bibliográfico Internacional.

- **León Bourgeois.** Premio Nobel de la Paz en 1920. Presidente del Consejo de Ministros en Francia. Miembro permanente del Consejo de la Paz de la Haya. Apoyó la creación de la Sociedad de Naciones y presidió en 1920 su primera sesión.

Otros Hermanos masones han obtenido el Premio Nobel en otros campos:

- **Charles Richet.** Premio Nobel de Medicina en 1913. Médico francés, miembro del Instituto de Francia y de la Academia de Medicina. Catedrático de Fisiología y profesor de la Sorbona. Demostró que la sangre de animales vacunados contra una infección, protege contra la misma.

- **Enrico Fermi.** Premio Nobel de Física en 1938. Físico italiano naturalizado estadounidense. Son notables sus trabajos sobre radiactividad inducida. El uso de isótopos radioactivos para el diagnóstico y el tratamiento de enfermedades no sería posible sin sus investigaciones.

- **Giosué Carducci.** Poeta y escritor, premio Nobel de Literatura en 1906. En toda su obra son notorias la afirmación de su personalidad, su rebeldía e inconformismo

- **Rudyard Kipling.** Premio Nobel de Literatura en 1907. Periodista, poeta y novelista. Autor de relatos, cuentos infantiles, novelas y poesía. Galardonado con el Premio Nobel de Literatura, se convirtió en el primer escritor en lengua inglesa en recibir el premio y el receptor más joven.

- **Salvatore Quasimodo**. Premio Nobel de Literatura en 1959. Poeta, lingüista, escritor, traductor, guionista, profesor universitario, periodista y crítico literario miembro del movimiento literario hermético italiano.
- **Santiago Ramón y Cajal**. Premio Nobel de Medicina. en 1906. Médico español, especializado en histología y anatomía patológica. Premio Nobel en reconocimiento de su trabajo sobre la estructura del sistema nervioso. Cajal fue un ejemplo de honestidad a lo largo de toda su vida.
- **Wilhelm Ostwald**. Químico, profesor universitario y filósofo alemán, premio Nobel de Química en 1909 por su trabajo en la catálisis y por sus investigaciones sobre los principios fundamentales que rigen los equilibrios químicos y las velocidades de reacción.

Muchos masones españoles son conocidos en la historia de nuestro país, y sus nombres están en los callejeros de numerosas ciudades españolas:

- **Albornoz, Álvaro** (1879-1954). Ministro de Justicia y de Fomento. Embajador. Escritor.
- **Alcalá Galiano, Antonio** (1798-1865). Ministro de Marina y Fomento. Diputado. Senador. Académico. Presidente del Ateneo de Madrid.
- **Argüelles, Agustín** (1776-1844). Ministro de la Gobernación. Embajador.
- **Álvarez, Melquíades** (1864-1936). Presidente del Congreso de Diputados.
- **Álvarez Mendizábal, Juan** (1790-1853). Presidente del Gobierno.

- **Azaña, Manuel** (1880-1940). Presidente del Gobierno.
- **Becerra y Bermúdez, Manuel** (1820-1896). Matemático. Ministro de Ultramar y de Fomento.
- **Blasco Ibañez, Vicente** (1867-1928). Escritor.
- **Bretón Hernández, Tomás** (1850-1923). Músico. Director del Conservatorio de Madrid.
- **Casado del Alisal, José** (1832-1886). Pintor.
- **Casals, Pau** (1876-1973). Músico.
- **Cea Bermúdez, Francisco** (1779-1850). Secretario de Estado.
- **Cervera Baviera, Julio** (1854-1927). Militar. Ingeniero. Político. Escritor. Inventor de la radio.
- **Conde de Floridablanca** (1728-1808). Político. Secretario de Estado.
- **Daoíz, Luis** (1767-1808). Militar.
- **De Espronceda, José** (1808-1842). Poeta.
- **De Istúriz Montero, Francisco Javier** (1790-1871). Presidente del Gobierno.
- **De Jovellanos, Gaspar Melchor** (1744-1811). Jurista, escritor, político.
- **De Larra, Mariano José** (1809-1837). Escritor y periodista.
- **De la Cierva, Juan** (1895-1936). Inventor del autogiro.
- **De Leon, Diego.** (1807-1841). Militar.
- **De los Ríos, Fernando** (1879-1949). Ministro de Justicia, de Instrucción Pública y Bellas Artes y de Estado.
- **De Paula de Borbón, Francisco** (1794-1865). Infante de España.
- **De Torrijos, José María** (1791-1831). Militar.

- **Del Riego, Rafael.** (1784-1823). Militar.
- **Duque de Rivas** (1791-1865). Ministro de la Gobernación. Alcalde de Madrid. Presidente del Ateneo.
- **Echegaray, José** (1832-1916). Premio Nobel de Literatura.
- **Fernandez De Los Rios, Ángel** (1821-1880). Editor, Periodista, diputado en cortes.
- **Franco Bahamonde, Ramón** (1896-1938). Piloto aéreo. Militar.
- **Gómez De La Serna, Ramón** (1888-1963). Escritor.
- **Gris, Juan.** (1887-1927). Pintor.
- **Infante, Blas** (1885-1936). Abogado y notario. Líder del andalucismo.
- **Jiménez De Asúa, Luis** (1889-1970). Político. Jurista. Diplomático.
- **Lacy, Luis** (1772-1817). Militar.
- **Lista, Alberto** (1775-1848). Escritor. Sacerdote.
- **Lerroux García, Alejandro** (1864-1949). Presidente del Gobierno.
- **Martinez De La Rosa, Francisco** (1787-1862). Presidente del Gobierno y del Congreso. Ministro de Estado.
- **Monturiol, Narciso** (1819-1885). Inventor del Ictíneo (Precursor del Submarino).
- **Morayta Sagrario, Miguel** (1834-1917). Catedrático de Historia. Gran Maestro del Gran Oriente Nacional y del Gran Oriente Español.
- **Narváez, Ramón María** (1799-1868). Militar. Presidente del Gobierno.

- **Ortega y Gasset, Eduardo** (1882-1964). Abogado. Gobernador civil de Madrid durante la II República).
- **Peral, Isaac** (1851-1895). Militar. Inventor del submarino.
- **Prim y Prats, Juan** (1814-1870); Militar. Presidente del gobierno.
- **Ramón y Cajal, Santiago** (1852-1934). Premio Nobel de Medicina.
- **Rodríguez De Campomanes, Pedro** (1723-1802). Político. Jurista. Impulsor de la Real Sociedad Económica Matritense de Amigos del País.
- **Rodriguez, Ventura** (1717-1785). Arquitecto.
- **Roso de Luna, Mario** (1872-1931). Abogado, teósofo, astrónomo y escritor.
- **Ruiz Zorrilla, Manuel** (1833-1895). Presidente del Gobierno.
- **Sagasta, Práxedes Mateo** (1825-1903). Presidente del Gobierno.
- **Samper Ibañez, Ricardo** (1881-1938). Presidente del Gobierno.
- **Simarro, Luis** (1851-1921). Médico, catedrático, iniciador de la psicología científica en España. Gran Maestro del Gran Oriente Español.
- **Soria, Arturo** (1844-1920). Urbanista.
- **Velarde, Pedro** (1779-1808). Militar.

Otros Masones también conocidos:

- **Alemán Valdés, Miguel** (1900-1983). Presidente de México.
- **Appleton, Edward** (1892-1965). Premio Nobel de Física.
- **Bach, Johann Christian** (1753-1782). Compositor y organista Alemán.
- **Belgrano, Manuel** (1770-1820). Militar argentino.
- **Bonaparte, José** (1768-1844). Rey de España.
- **Bordet, Jules** (1870-1961). Premio Nobel de Fisiología y Medicina.
- **Buffalo, Bill** (1846-1917). Explorador estadounidense.
- **Bourgeois, León Víctor** (1851-1925). Premio Nobel de la Paz.
- **Bravo Rueda, Nicolás** (1786-1854). Militar. Presidente de México.
- **Briand, Aristide** (1862-1932). Premio Nobel de la Paz.
- **Cárdenas Del Rio, Lázaro** (1895-1970). Militar. Presidente de México.
- **Carrera, José Miguel** (1785-1821). Militar y político chileno.
- **Citroën, André** (1878-1935). Ingeniero francés.
- **Cherubini, Luigi** (1760-1842). Compositor italiano.
- **Ducommun, Elie** (1833-1906) Premio Nobel de la Paz.
- **De Miranda, Francisco** (1750-1816). Militar venezolano.
- **De San Martín, José** (1778-1850). Militar argentino.

- **De Urquiza, Justo José** (1801-1870). Presidente de Argentina.
- **Federico Ii De Prusia** (1712-1786). Rey de Prusia.
- **Ferrari Ettore** (1848-1929). Escultor italiano.
- **Fichte, Johann** (1762-1814). Filósofo alemán.
- **Franklin, Benjamin** (1706-1790). Político e inventor estadounidense.
- **Garibaldi, Giuseppe** (1807-1882). Militar y político italiano.
- **Haydn, Franz J.** (1732-1809). Músico vienés.
- **Hopkins, Frederick** (1861-1947). Premio Nobel de Fisiología y Medicina.
- **Juárez, Benito**. (1806-1872). Presidente de México.
- **Kellogg, Frank** (1856-1937). Premio Nobel de la Paz.
- **Krause, Karl** (1781-1832). Filósofo alemán.
- **La Fontaine, Henri** (1854-1943). Premio Nobel de la Paz.
- **Lafayette** (1757-1834). Militar y político francés.
- **Laplace** (1949-1827). Astrónomo, físico y matemático francés.
- **Lavoisier** (1743-1794). Químico francés.
- **Lessing, G.E.** (1729-1781). Poeta y escritor alemán.
- **Liszt, Franz** (1811-1886). Pianista y compositor austro-húngaro.
- **Martí, José** (1853-1895). Poeta y político cubano.
- **Marshall, George** (1880-1959). Premio Nobel de la Paz.
- **Michelson, Albert** (1852-1931). Premio Nobel de Física.

- **Montesquieu** (1689-1755). Filósofo y jurista francés.
- **Monroe, James** (1758-1813). Presidente de EE.UU.
- **Mucha, Alfons** (1860-1939). Pintor y artista checo.
- **Newton, Isaac** (1642-1727). Físico, matemático y filósofo inglés.
- **Ostwald, Friedrich** (1853-1932). Premio Nobel de Química.
- **Roosevelt, Theodore** (1858-1919). Presidente de EE.UU. y premio Nobel de la Paz.
- **Sarmiento, Domingo F.** (1811-1888). Presidente de Argentina.
- **Sibelius, Jean** (1865-1957). Compositor finlandés.
- **Schweitzer, Albert** (1875-1965). Premio Nobel de la Paz.
- **Scott, Walter** (1771-1832). Escritor británico.
- **Staudinger, Hermann** (1881-1965). Premio Nobel de Química.
- **Stresemann, Gustav** (1878-1929). Premio Nobel de la Paz.
- **Truman, Harry** (1884-1972). Presidente de EE.UU.
- **Vivekananda, Swami** (1863-1902). Líder religioso hindú.
- **Von Ossietzky, Carl.** (1889-1938). Premio Nobel de la Paz.
- **Washington, George** (1732-1799). Primer presidente de EE.UU.
- **Wilde, Oscar** (1854-1900). Escritor irlandés.
- **Zamenhof, L.L.** (1859-1917). Creador del esperanto.

Anexo III
Manifiesto del convento de Lausana del Rito Escocés antiguo y aceptado

Septiembre de 1875

Delegados del Convento de Lausana:

Desde hace mucho, y sobre todo en estos últimos tiempos, la Masonería ha sido objeto de los más injuriosos ataques.

En el momento en que el Convento, tras haber examinado con la mayor atención las antiguas constituciones del Rito Escocés Antiguo y Aceptado, conservando con religioso respeto las sabias disposiciones que le protegen y le perpetúan, libera a la Masonería de vanas trabas, queriendo que se penetre del espíritu de libertad que anima a nuestra época. En el momento en que, sobre bases inquebrantables, sanciona una íntima alianza entre los masones de todo el mundo, el Convento no puede disolverse sin responder con una patente declaración a esas deplorables calumnias y enérgicas condenas.

Ante todo, para los hombres que desean conocer sus principios antes de postularse ante la Francmasonería, los proclama mediante la siguiente declaración, que constituye su programa oficial en los términos acordados por el Convento.

Declaración de principios

Art.1º. La Francmasonería proclama, como lo ha hecho siempre desde su origen, la existencia de un Principio Creador bajo el nombre de Gran Arquitecto del Universo.

2º. No impone ningún límite a la investigación de la verdad y exige a todos la tolerancia, a fin de garantizar a todos esa libertad.

3º- La Francmasonería está, pues, abierta a los hombres de todas las nacionalidades, razas y creencias.

4º. Prohíbe en sus talleres toda discusión política y religiosa, acogiendo a todo profano cualesquiera sean sus opiniones políticas y religiosas, siempre que sea hombre libre y de buenas costumbres.

5º. La Francmasonería tiene como fin luchar contra la ignorancia bajo todas sus formas, siendo una escuela mutua cuyo programa se resume así: obedecer las leyes del país de cada uno; vivir honradamente; practicar la justicia; amar a sus semejantes; trabajar sin flaqueza por el bien de la humanidad y en pro de su emancipación progresiva y pacífica.

Ese es el propósito que la Francmasonería del Rito Escocés asume y quiere que sea asumido por cuantos deseen pertenecer a la familia masónica del escocismo.

Pero junto a esta declaración de principios, el Convento necesita proclamar las doctrinas en las que se apoya la Masonería escocesa, deseando que todos las conozcan.

Para dignificar al hombre ante sus propios ojos, para hacerle digno de su misión en la Tierra, la Masonería escocesa proclama el principio de que el **Creador Supremo** ha dado al hombre la libertad como su bien más precioso. La libertad, patrimonio de toda la humanidad, luz de lo alto que nadie tiene poder ni derecho para apagar ni amortiguar y que es la fuente de los sentimientos de honor y dignidad.

Desde la preparación en el primer grado simbólico universal, hasta la obtención del grado más elevado de la Masonería escocesa, la primera condición, sin la que nada puede conseguir el aspirante, es la de poseer una reputación honorable y de probidad incontestada. Requisito que es, por lo demás, exigible en todos los Ritos o Métodos de Trabajo Masónico.

A aquellos para quienes la religión constituye el consuelo supremo, la Masonería les dice: cultivad vuestra religión sin obstáculos, seguid los dictados de vuestra conciencia. La Francmasonería no es una religión y no tiene culto. Propone también una instrucción laica, cuya doctrina está contenida en esta hermosa prescripción:

Ama a Dios con todas tus fuerzas, y al prójimo como a ti mismo.

A quienes, con mucha razón, temen las disensiones políticas, la Masonería les dice: proscribimos de nuestras reuniones toda discusión o debate político. Sé un servidor fiel y devoto de tu patria, no tienes que justificarte por ello. El amor a la patria es compatible con todas las virtudes.

¡Se ha acusado a la Masonería de inmoralidad! La nuestra es la moral más pura y más santa, que se basa en la primera de todas las virtudes: humanidad. El verdadero masón hace el bien, prodiga su solicitud a los menesterosos, sean quienes fueren, en la medida de su capacidad. Por ello no puede sino rechazar con disgusto y desprecio toda inmoralidad.

Tales son los fundamentos sobre los que reposa la Francmasonería, asegurando a todos los miembros de esta gran familia la unión más estrecha, sean cuales fueren las distancias que separen a los diversos países en los que vivan. Entre todos ha de reinar el amor fraternal.

¿Y qué podría dar mejor testimonio de esa verdad que la misma reunión mantenida en este Convento? Sin conocernos unos a otros, procedentes de los países más diversos, apenas habíamos intercambiado las primeras palabras de bienvenida cuando ya surgió entre nosotros la más estrecha unión. Nos estrechamos la mano fraternalmente y, dentro de la mayor concordia, hemos ido adoptando nuestras más importantes resoluciones por unanimidad.

Francmasones de todas las regiones, ciudadanos de todos los países: estas son las leyes de la Francmasonería, estos son sus misterios. Los esfuerzos de la calumnia son impotentes contra ella y sus injurias se quedarán sin eco.

Marchando pacíficamente de victoria en victoria, la Francmasonería escocesa extenderá día a día su acción moral y civilizadora.

Anexo IV : La Masonería en España. Breve repaso histórico

No es tarea fácil plasmar la historia de la Masonería española. Y más aún, si se aspira a aportar un conciso esquema de su proceso cronológico que refleje con rigurosa exactitud los acontecimientos determinantes de su nacimiento y evolución posterior dentro de un marco geográfico e histórico muy concreto.

El convulso devenir histórico de España y las propias disensiones surgidas en el seno de la Masonería desde su nacimiento son en gran parte responsables de tal dificultad.

Corría el año 1725 cuando varios ingleses residentes en Madrid se reunieron en el Hotel de Lys, en el número 17 de la calle San Bernardo, con el propósito de fundar una logia masónica. Para ello contaron con la valiosa ayuda del Duque de Wharton, que se hospedaba por esas fechas en el Hotel de Lys, y que había sucedido en 1723 al Duque de Montagu como Gran Maestro de la Gran Logia de Londres.

La fecha de fundación, de esta primera logia de Madrid fue el 15 de febrero de 1728, y fue el primer Taller extranjero que recibió Carta Patente de Inglaterra.

A partir del año 1735 comenzaron a prohibirse en Europa las actividades de la Masonería. El 20 de abril de 1738, el Papa Clemente XII, con la Constitución Apostólica *In Eminenti*, condenó con pena de excomunión a los masones.

En octubre de ese mismo año se publicó un edicto del Inquisidor Mayor de España, Andrés de Orbe y Larreátegui, en contra de la Masonería.

El 18 de mayo de 1751, el Papa Benedicto XIV, con la Constitución Apostólica *Próvidas*, condenó nuevamente a la Masonería, y dos meses después, el 2 de julio de 1751, el rey Fernando VI prohibió las congregaciones masónicas.

Fue en el puerto francés de Brest, en el año 1801, cuando se fundó la primera logia integrada por españoles. La logia *La Reunión Española*, contaba entre sus miembros con veinte oficiales y cinco capellanes de la escuadra española.

Napoleón Bonaparte nombró a su hermano José Gran Maestro del Gran Oriente de Francia en 1804, y cuando en 1808 José Bonaparte comienza a reinar en España como José I, se facilitó el asentamiento de la Masonería gracias a la abolición de la Inquisición en España.

A partir de ese momento se fundaron muchas logias militares (francesas) y civiles (españolas) en todo el territorio español.

La Gran Logia Nacional de España se fundó en Madrid

el 27 de noviembre de 1809, y casi dos años más tarde, el 4 de julio de 1811, se creó en la capital de España el Supremo Consejo del Rito Escocés Antiguo y Aceptado para España y sus dependencias.

El 22 de marzo de 1814 Fernando VII recuperó la libertad y regresó a España. Dos meses después prohibió por Real Decreto las asociaciones clandestinas, restableciendo en julio de ese mismo año el Consejo y Tribunal de la Inquisición.

El 29 de septiembre de 1833 falleció Fernando VII. Su viuda, María Cristina de Borbón, amnistió a los masones por Real Decreto de 26 de abril de 1834, manteniendo sin embargo la condena para los que continuasen perteneciendo a la Orden masónica a partir de esa fecha. También, ese mismo año, en nombre de su hija Isabel II, la Reina Regente suspendió el Tribunal de la Inquisición (15 de julio). En 1838 tuvo lugar, en Lisboa, la fundación del primer Gran Oriente Nacional de España.

El 18 de septiembre de 1868 tuvo lugar la revolución de Cádiz y el destronamiento de Isabel II. Ese año se fundó un nuevo Gran Oriente Nacional de España, que hasta el año 1895 tuvo bajo su jurisdicción 331 logias.

Un hecho importante tuvo lugar el 6 de junio de 1869 al haberse promulgado una nueva Constitución en España. Este año también se fundó el Gran Oriente de España, que hasta 1889 tuvo bajo su jurisdicción 496 logias: 350 en España y norte de África, y el resto en Cuba, Puerto Rico, Filipinas y Lisboa.

El 20 de julio de 1870, el presidente de las Cortes, Manuel Ruiz Zorrilla, es elegido Gran Maestre y Soberano Gran Comendador del Gran Oriente de España. En diciembre de ese mismo año se produjo el atentado contra el general Prim, que falleció el 30 de diciembre, el mismo día que llegó a Cartagena el futuro rey Amadeo de Saboya. Al año siguiente Ruiz Zorrilla es nombrado Jefe de Gobierno. El 11 de febrero de 1873, el rey Amadeo de Saboya renunció al trono y se proclamó la primera República. Ruiz Zorrilla se exilió y dimitió como Gran Maestro del Gran Oriente de España. Al año siguiente se proclamó a Alfonso XII como Rey de España.

El 7 de marzo de 1876, Práxedes Mateo Sagasta, presidente en ese momento del partido Liberal, fue elegido Gran Maestro y Soberano Gran Comendador del Gran Oriente de España. Dimitió del cargo de Gran Maestro el 18 de julio de 1880, siendo nombrado Presidente del Gobierno al año siguiente (8 de febrero).

El 21 de julio de 1884, Manuel Becerra es nombrado nuevo Gran Maestre y Soberano Gran Comendador del Gran Oriente de España.

En 1889 Miguel Morayta fundó el Gran Oriente Español, que llegó a tener bajo su jurisdicción 262 logias. Le sustituyó como Gran Maestro, en 1917, Luis Simarro, catedrático de Psicología de la Universidad de Madrid. Cuando falleció el Dr. Simarro, en 1921, fue sustituido por Augusto Barcia Trelles.

El 14 de abril de 1913 fue proclamada la segunda República. Tres meses después fue elegido Gran Maestro del Gran Oriente Español Martínez Barrios, que dimitió en 1934. Al año siguiente, el diputado independiente Cano López pidió en el Congreso que los militares no pudiesen ser masones, denunciando a varios generales por su pertenencia a la Masonería. Tres meses después de este hecho, al ser nombrado Jefe del Estado Mayor del Ejército el general Francisco Franco, se destituyó a seis generales masones.

Tras el golpe de Estado del 18 de julio de 1936, se inició en España una persecución despiadada contra la Masonería.

El primer decreto antimasónico fue emitido en Santa Cruz de Tenerife el 15 de septiembre de 1936; se la declaró contraria a la ley y se ordenó que los inmuebles pertenecientes a las asociaciones masónicas fuesen confiscados.

El 11 de enero de 1938 se dieron órdenes desde el Cuartel General del Generalísimo en Burgos, para la recogida de material masónico. Ese mismo año, el 6 de julio, la Masonería se adhiere al Gobierno de la República española.

En el mes de febrero de 1939, dos meses antes de finalizar la guerra civil, se ilegalizó la masonería con la Ley de Responsabilidades Políticas.

El 1 de marzo de 1939, un mes después de terminar la guerra civil, el Gran Oriente Español y la Gran Logia

Española partieron al exilio. Casi todos los masones que no pudieron huir de la zona franquista fueron encarcelados, asesinados o fusilados, en la mayoría de los casos, sin juicio previo.

Según diversos historiadores, se calcula que entre 1931 y 1936 hubo en España entre cinco mil y seis mil masones. Sin embargo, la ley para la Represión de la Masonería y el Comunismo de fecha 1 de Marzo de 1940 permitió la apertura de dieciocho mil procesos y expedientes.

La Gran Logia Española y el Supremo Consejo Español del grado 33 se reconstituyeron en México en febrero de 1943, donde fueron fraternalmente acogidos por la Gran Logia Valle de México. También en Chile y Colombia se asentaron numerosos masones exiliados. Durante cuarenta largos años, el franquismo destruyó de un modo sistemático y minucioso todo lo relacionado con la Masonería y sus miembros. Como dato anecdótico, hay que resaltar que en el último discurso que pronunció el general Franco, en el mes de octubre de 1975, aludió una vez más a la conspiración masónica.

Tras un largo exilio, la Masonería se presentó oficial y públicamente el 28 de noviembre de 1977, apoyando al Estado Monárquico como Estado de Derecho.

El 21 de noviembre de 1979, fue legalizada la Masonería, pudiéndose inscribir en el Registro Nacional de Asociaciones del Ministerio del Interior.

Bibliografía

— Álvarez Lázaro, Pedro. *La masonería, escuela de formación del ciudadano,* Universidad Pontificia de Comillas, 2012.

— Bahillo, Pablo. *Origen, naturaleza y fuerza de dos grandes ritos,* Papeles de Masonería II, Centro Ibérico de Estudios Masónicos (CIEM), 2008.

— Bahillo, Pablo. *La Masonería en España. Breve repaso histórico,* Papeles de Masonería I, Centro Ibérico de Estudios Masónicos (CIEM), 2007.

— Brugger, Walter y Schöndorf, Harald. *Diccionario de filosofía.* Herder. 2014.

— Biblia de Estudio, Sociedad Bíblica de España, 2002.

— Cassirer, Ernst. *Filosofía de las formas simbólicas III,* Fondo de Cultura Económica, 2017.

— Corbí, Maria. *Hacia una espiritualidad laica,* Herder, 2007.

— Daza, Juan Carlos. *Diccionario de la Francmasonería,* Akal, 1997.

— Delgado-Ureña Velazco, Jorge. *Valores éticos y humanistas de la Masonería Filosófica Rito Escocés Antiguo y Aceptado,* AUF, 2015.

— Dworkin, Ronald. *Religión sin Dios,* Fondo Cultura Económica, 2015.

— Espinoza, Javier. *La religión natural en Spinoza. Algunas consideraciones desde Kant, Schleiermacher, Bonhoeffer y Cox.* Cuadernos del Seminario Spinoza N° 7, Ciudad Real, 1996.

— Hurtado, Amando. *Por qué soy masón,* Edaf, 2012.

— Fargas, Albert, *Términos simbólicos de la Masonería,* Entreacacias, 2014.

— Farré, Jean. *Diccionario de símbolos masónicos,* Kompás, 1998.

— Ferrer Benimeli, José Antonio, *La masonería,* 2017.

— Fichte, GF. *Filosofía de la masonería. Carta a Constance,* Ediciones ISTMO, 1997.

— Frankl, Viktor. *El hombre en busca de sentido,* Herder, 2015.

— Fromm, Erich. *Ser o tener,* Fondo de Cultura Económico, 1978.

— Fromm, Erich. *Y seréis como dioses,* Paidós, 1991.

— Heidegger, Martín. *La proposición del fundamento,* Ediciones del Serbal. 2003.

— Jasper, Karl. *Origen y meta de la historia,* Acantilado, 2017.

— Jonas, Hans. *Pensar sobre Dios y otros ensayos,* Herder, 2012.

— García Morente, Manuel. *Lecciones preliminares de filosofía,* Encuentro, 2009.

— Grondin, Jean. *Introducción a la metafísica,* Herder, 2016.

— Grondin, Jean. *La filosofía de la religión,* Herder, 2014.

— Martínez Ferro, Hernán. *Kant: una ética para la modernidad,* Revista Diálogo de saberes, 2006.

— Sádaba, Javier. *La religión al descubierto,* Herder, 2016.

— Solari, Enzo. *La raíz de lo sagrado,* RIL editores, 2010.

— Saez Narro. *La Masonería y sus Grados Escoceses,* Clavell, 2011.

— Seguro, Miquel. *Los confines de la razón,* Herder, 2011.

— Tamayo, Juan José. *Otra teología es posible,* Biblioteca Herder, 2011.

— Trevijano, Ramón. *Patrología,* Biblioteca Autores Cristianos, 2009.

— Velarde, Julián. *El agnosticismo,* Editorial Trotta, 2015.

— Vigil, José María. *Teología del pluralismo religioso,* Ediciones El Almendro, 2005.

Patrocinio

EDITATUM

Esta es la página destinada a ofrecer al lector y a los medios de comunicación, todos los datos e información sobre el patrocinador de este libro.

Puede contener su logo, una breve reseña de su actividad o producto e incluye los contactos web, de correo y telefónico.

Además, el patrocinador figurará en el espacio correspondiente en la contraportada del libro. Este patrocinio figurará en todas las sucesivas ediciones de la obra si éstas se produjeran.

Si desea recibir información sobre el patrocinio de los GuíaBurros puede dirigirse a la web:

www.editatum.com/patrocinio

Autores para la formación

C⦿nferencias
EDITATUM

Editatum y **GuíaBurros** te acercan a tus autores favoritos para ofrecerte el servicio de formación GuíaBurros.

Charlas, conferencias y cursos muy prácticos para eventos y formaciones de tu organización.

Autores de referencia, con buena capacidad de comunicación, sentido del humor y destreza para sorprender al auditorio con prácticos análisis, consejos y enfoques que saben imprimir en cada una de sus ponencias.

Conferencias, charlas y cursos que representan un entretenido proceso de aprendizaje vinculado a las más variadas temáticas y disciplinas, destinadas a satisfacer cualquier inquietud por aprender.

Consulta nuestra amplia propuesta en **www.editatumconferencias.com** y organiza eventos de interés para tus asistentes con los mejores profesionales de cada materia.

EDITATUM

Libros para crecer

www.editatum.com

Nuestras colecciones

Guías para todos aquellos que deseen ampliar sus conocimientos sobre asuntos específicos, grandes personajes, épocas, culturas, religiones, etc., ofreciendo al lector una amplia y rica visión de cada una de las temáticas, accesibles a todos los lectores.

CONOCIMIENTO Y SABER

Guías para gestionar con éxito un negocio, vender un producto, servicio o causa o emprender. Pautas para dirigir un equipo de trabajo, crear una campaña de marketing o ejercer un estilo adecuado de liderazgo, etc.

EMPRESA Y NEGOCIO

Guías para optimizar la tecnología, aprender a escribir un blog de calidad, sacarle el máximo partido a tu móvil. Orientaciones para un buen posicionamiento SEO, para cautivar desde Facebook, Twitter, Instagram, etc.

CIENCIA Y TECNOLOGÍA

Guías para crecer. Cómo crear un blog de calidad, conseguir un ascenso o desarrollar tus habilidades de comunicación. Herramientas para mantenerte motivado, enseñarte a decir NO o descubrirte las claves del éxito, etc.

CRECIMIENTO PERSONAL

Guías prácticas dirigidas a la salud y el bienestar. Cómo gestionar mejor tu tiempo, aprenderás a desconectar o adelgazar comiendo en la oficina. Estrategias para mantenerte joven, ofrecer tu mejor imagen y preservar tu salud física y mental, etc.

BIENESTAR Y SALUD

Guías prácticas para la vida doméstica. Consejos para evitar el cyberbulling, crear un huerto urbano o gestionar tus emociones. Orientaciones para decorar reciclando, cocinar para eventos o mantener entretenido a tu hijo, etc.

HOGAR Y FAMILIA

Guías prácticas dirigidas a todas aquellas actividades que no son trabajo ni tareas domésticas esenciales. Juegos, viajes, en definitiva, hobbies que nos hacen disfrutar de nuestro tiempo libre.

OCIO Y TIEMPO LIBRE

Guías para aprender o perfeccionar nuestra técnica en deportes o actividades físicas escritas por los mejores profesionales de la forma más instructiva y sencilla posible,

DEPORTE Y ACTIVIDAD FÍSICA

www.ingramcontent.com/pod-product-compliance
Lightning Source LLC
Chambersburg PA
CBHW031210270326
41931CB00006B/492